中国系列丛书

绿色中国

GREEN CHINA

胡宝国——主编
杜仕菊 夏江雯——副主编

上海教育出版社

序

胡宝国

习近平总书记在十九大报告中，全面阐述了加快生态文明体制改革、推进绿色发展、建设美丽中国的战略部署，强调我们要建设的现代化是人与自然和谐共生的现代化，既要创造更多物质财富和精神财富以满足人民日益增长的美好生活需要，也要提供更多优质生态产品以满足人民日益增长的优美生态环境需要。十九大报告为未来中国推进生态文明建设和绿色发展指明了路线图。

华东理工大学开设了“绿色中国”思想政治选修课，其目的就是希望通过此课程，将习近平总书记的系列重要讲话精神和治国理政新理念新思想新战略与日常的思想政治工作结合起来，使其落到实处。

从课程的设计来看，主要包括八章的内容。(1) 绿色化学：为可持续发展保驾护航；(2) 绿色化工：从 DDT 到青蒿素；(3) 绿色农药：生态与粮食安全；(4) 绿色材料与可持续发展；(5) 绿色能源与环境：煤炭清洁高效利用与可持续发展；(6) 绿色食品与健康中国；(7) 绿色法律：可持续发展的法律保障；(8) 绿色设计的四重安全内涵。通过这样的学习，力求使广大学生对绿色发展理念有进一步的认识，在此基础上，正确认识世界和中国发展大势，正确认识中国特色和国际比较，正确认识时代责任和历史使命，正确认识远大抱负和脚踏实地，增强学生的社会责任感和使命感。

该课程的设计体现了四个结合：

第一，通过思想政治理论课与学校特色的结合，凸显思想政治理论教学的实效性。“绿色中国”课程主要通过与不同的专业知识的结合，让学生自己去思考，如何通过贯彻“绿色发展”理念，使所学的专业知识在国家发展中起到更大的作用。由此，通过突出价值引领，将学生个人事业的发展与国家、民族的发展统一起来。

第二，通过思想政治理论课与学校优势学科的结合，使思想政治理论教学更有吸引力。从现状看，我校的化工、化学类专业在全国，甚至世界范围内优势十分明显，这些专业广受学生欢迎。在建设“双一流”的过程中，将思想政治教育的内容融入专业知识的教学中，无疑会对学生产生更大的吸引力。尤其，绿色化学、绿色化工、绿色农药、绿色材料、绿色资源环境、绿色食品、绿色设计等，是我国可持续发展所必须考虑的问题。因此，要培养大学生的责任意识、使命担当，让他们运用专业知识，为国家发展作出自己应有的贡献。

第三，通过思想政治理论课与基层党建的结合，使思想政治理论教学成为基层党建和思想政治工作的重要抓手。一方面，组织专业教师参与“绿色中国”的课程教学，使他们在学生思想政治教育工作中发挥更大的作用；另一方面，思想政治工作作为学生党建工作的重要内容，强化大学生党员的党员意识，使他们通过学习，更好地发挥带头模范作用。所以，该课程既成了基层党建的重要抓手，同时，基层党组织也成了宣传“绿色发展”理念的重要载体。

第四，通过思想政治理论课与大学生创新实践项目、读书会等日常活动相结合，既创新了思政课的实践形式，又深化了学生对绿色发展理念的认识。指导大学生的创新实践项目和组织读书会，是思政课教师工作的重要组成部分。近年来，学院在组织该项工作的过程中，有意识地与绿色发展理念结合，指导了有关大学生环境价值观调查的项目，宣传可持续发展的环境价值观；组织了主题为“环境哲学”的读书会，所推荐的读本如《瓦尔登湖》《沙乡年鉴》《寂静的春天》《增长的极限》等，与绿色发展理念相一致。学生通过读书，深化了对绿色发展理念和可持续发展战略的理解，同时也进一步增强了自身的使命感和责任感。

而从课程的内容来看，体现了下述特点：

一是政治(思想)性，即在政治思想上与党中央保持高度的一致。作为思想政治理论课的选修课程，思想是关键，政治是要害，理论是基础。该课程紧密结合习近平总书记系列重要讲话精神和治国理政新理念新思想新战略，主要是结合绿色发展理念，加强生态文明建设，促进可持续发展。党的“十三五”规划建议明确提出，要“坚持绿色富国、绿色惠民，为人民提供更多优质生态产品，推动形成绿色发展方式和生活方式，协同推进人民富裕、国家富强、中国美丽”。绿色化学、绿色化工、绿色农药、绿色材料、绿色食品，甚至绿色设计等，都是为可持续发展保驾护航。其中所展示的“绿色是永续发展的必要条件和人民对美好生活追求的重要体现”的思想，充分反映了我党“以人民为中心”的宗旨。可以说，人民的根本利益在于能够饮用干净之水、呼吸清新之气、食用安全食品以及享有优美环境，以上还关涉中华民族长远发展的利益，因而新时期条件下坚持绿色发展和绿色惠民是我们党为增进民生福祉所做的科学抉择。

二是实践性，即充分反映我国的改革开放成果。我国改革开放以来，在政治、经济、文化、社会、生态各个领域取得了巨大的成就，人民的生活水平得到了很大的提高。绿色发展的理念虽然提出不久，但绿色中国建设一直处于进行时，也取得了可喜的成果。如绿色化学中讲到的中国绿色能源的发展过程（见中国的可燃冰之路）；绿色农药发展中，中国在“绿色农药”（Green Pesticide）概念提出过程中的贡献（2002年3—5日第188次香山科学会议），以及项目攻关过程中中国科学家们的努力；绿色材料，主要强调了其对我国百姓日常生活的影响；绿色资源与环境，具体说明了煤炭清洁高效利用对促进我国可持续发展的影响；绿色法律则通过绿色发展的法治化，为我国的可持续发展作出贡献……

三是科学性，即课程内容充分反映了科学精神。所谓科学精神，在梁启超看来是“可以教人求得有系统之真知识的方法”。本课程的八章内容，涉及化学、化工、医药、材料、生物工程、资源环境、法律、设计各个领域，既有基础知识的讲解，也有应用性的说明，其共通点就是以“真”为基础，求真求实，以能更好地让学生了解绿色发展理念在各个领域的具体运用为宗旨。既让大家看到了我们在各个领域绿色发展中所取得的成绩和贡献，也看到了存在的问题。求真求实本就是大学生学习的目的，通过与绿色发展理念的结合，增强了学生的使命感和责任感。

四是人文性，即课程内容充满了人文关怀，体现了人文精神。简单地说，人文精神就是以人为本和对人的全面发展的终极关怀。它是以人性的自觉与实践为核心贯穿在人生与社会的各个层面，是一种普遍的人类自我关怀，是对人的尊严、价值、命运的维护、追求和关切。从这样一个意义上讲，人文精神内在地蕴含在绿色发展的理念中，是其应有之义。具体来看，无论是绿色化学、绿色化工、绿色农药、绿色材料、洁净煤、绿色食品、绿色设计等具体领域的具体做法，还是作为绿色发展保障的绿色法律，其共同的指向都是普遍的人类自我关怀，以及人与自然的和谐相处。

概括地说，本课程的八章内容，其根本出发点是为绿色发展保驾护航，其动态发展的过程与我国改革开放的发展进程相一致，以求真求实的科学精神为基础、以普遍的人类自我关怀为归宿，从而构成了一个有机的整体。

从教师与学生的反馈看，该课程反响良好。学生认为该课程将习近平总书记的讲话精神融入专业知识中，让他们感受到了两者的一致性，从而增强了使命感与责任感。从教师的反馈来看，专业教师如何上好思政课，是值得思考的一个问题。而“绿色中国”课程则是非常好的一种形式，也是体现全程育人、全方位育人的很好尝试。年轻的主讲教师们感觉收获颇丰，他们认为在教育学生的同时，也使自己在各个方面有了提高。

随着该课程的大面积铺开，其不仅体现为思想政治理论课的补充，更是开辟了思想政治工作的新渠道。

目　录

第一章　绿色化学：为可持续发展保驾护航

本章问题

1. 除了利用远距离输水，是否可以利用政策杠杆调整用水分配？如何从根本上培养国人节水的意识和行为习惯？

2. 如何利用化学知识解决水体重金属污染？简单描述该过程，并思考如何从源头遏制重金属流出？

3. 屠呦呦的获奖是偶然还是必然？如果没有中国政府的大力支持，或者没有葛洪的《肘后备急方》，青蒿素的发现历程会如何变化？

4. 简述太阳能的体量及当前的利用现状，如何提高太阳能的利用率？

5. 我们为什么要开发可燃冰资源？接下来我们应该如何做？

要实现并保持中国的可持续发展，最终实现中国梦的伟大目标，必须凝聚中国力量，用科学发展观客观地对待发展问题。这其中，科学技术是最重要也是最根本的抓手，化学是科学技术的核心学科，学好并合理利用化学手段解决可持续发展问题，是我国当代面临的重大和实际问题。如何结合国情，理顺目前中国面临和迫切需要解决的问题，以及如何利用化学科学，为中国可持续发展保驾护航，尤为重要和必要。因此，有了这门课程的建设。

为了理解绿色化学是解决上述问题的重要手段，还得从化学本身入手。化学是自然科学的一个分支，是从原子、分子层面上研究物质的组成、性质、结构及变化规律的核心自然科学。同时，它也是创造新物质的科学，客观世界由物质组成，化学则是人类用认识改造客观物质世界的主要方法和手段。绿色化学从本质上说还是化学本身，"绿色"二字实际上是从服务于人的角度出发，对化学做的进一步限制。这主要包含两个层面：第一，应减少有毒以及有危害的试剂和溶剂的使用剂量，而且，在制造和应用化学物质时应提高对可再生原料的利用，减少废物排放对环境造成的破坏；第二，从经济上来讲，绿色化学隐含"高效"内涵，即低成本地实现高选择性、高原子经济性的合成和生产，是人类创造新物质，建造美好新世界的终极目标。因此可以说，绿色化学是未来化学的发展方向，也是我国实现中国梦的重要手段和必然途径。

绿色化学涉及很多方面，例如环境、农药、医药、能源、食品等，在本章中，只给大家介绍环境中的空气和淡水，医药，能源中的太阳能、电池和新型清洁能源的开发使用，其他方面请大家参见本书的其他章节。

一、绿色环境

人类所生活的环境最基本也是最重要的就是空气、淡水和土壤，确保这三个方面纯洁不被污染，是实现中国可持续发展的根本保障。因此，我们有义务更有责任确保我们赖以生存的环境的洁净。

1. 空气

目前，中国的空气状况和淡水状况比较让人担忧。对于空气而言，近些年的雾霾污染程度、爆发次数和维持时间都有变深、变多和变长的倾向，如何从根本上解决雾霾问题，除了政策性的节能减排从污染源头控制外，还需要对雾霾进行后期治理，这涉及很多学科，但化学无疑是最重要也是最基础的。[①] 下面结合中国的实际情况，简单讨论一下，应如何朝着这一目标努力。利用所学的化学知识从我做起，尽早摆脱环境污染，还大家一个绿色、健康的神州大地。

大气污染并不是中国所特有的，发达国家在实现经济高速发展的同时，曾经面临过诸多大气污染等环境问题。随着这些国家的重视和治理，收到了显著的成效。在讨论应如何治理中国的雾霾之前，我们可以先来看看国外是如何治理大气污染的。伦敦烟雾事件和洛杉矶光化学烟雾事件是历史上著名的两个重大空气环境公害事件。

> 1952 年 12 月 5 日，伦敦所发生的烟雾笼罩事件不仅影响正常交通秩序，干扰市民生活方式，更甚者使市民发生胸闷和窒息等不适症状以至危害身体健康，导致发病率和死亡率上升。这一事件起因是反气旋引发的城市工厂生产和居民燃煤取暖废气集聚。虽然四天后，一股寒冷的西风吹散了城市上空集聚的烟雾，但当月因大烟雾致死的人数达 4 000 人，间接死亡的人数无法统计。

① 史军等：《华东雾和霾日数的变化特征及成因分析》，《地理学报》，2010 年第 5 期；吴俊：《北京雾霾的成因及其管制政策》，《经济视角》，2013 年第 7 期。

美国洛杉矶光化学烟雾事件是20世纪40年代至60年代发生在洛杉矶的有毒烟雾污染大气的事件，是世界有名的公害事件之一。当时，全市250多万辆汽车每天消耗汽油约1 600万升，向大气排放大量烃、氮氧化物(NO_X)、一氧化碳(CO)等污染物。该市依山临海，处于巨型盆地中，汽车排出的废气在太阳光作用下，形成以臭氧(O_3)为主的光化学烟雾。这种烟雾中含有O_3、NO_X、乙醛和其他氧化剂，滞留市区久久不散。从20世纪50年代开始，洛杉矶因大气污染一年内造成高达15亿美元的损失；1952年12月到1955年9月期间，800多位65岁以上老人死于呼吸系统的衰竭；至1970年，约75%的市民感染红眼病，许多人出现头痛、呼吸困难等症状。直到20世纪70年代，洛杉矶市还被称为"美国的烟雾城"。

好在人们很快意识到问题的严重性，因此迅速采取相应的措施。1967年前后，随着《空气清洁法案》的颁布和催化式排气净化器的发明和使用，洛杉矶大气污染情况有所缓解。1975年，所有的汽车均安装了尾气净化器后，洛杉矶一级污染警报天数从1977年的121天下降到1989年的54天，再到1997年的0天，污染治理成效显著。[①]

目前，中国的雾霾问题相较于伦敦烟雾事件和洛杉矶光化学烟雾事件，具有组成和成因复杂，污染物之间相互作用又产生次生二级三级污染物等特点，难以治理。仅就汽车尾气一项指标而言，已经检出和洛杉矶光化学烟雾相似的污染物，情况十分严峻。

这里需要说明一点，在目前全国已上牌的机动车中，已经安装先进尾气净化气的占有相当大比例，换句话说，仅有少量不符合标准的"黄标车"未安装净化设备或设备不符合标准，然而，正是这些少量"黄标车"，排放出来的污染物占所有机动车排放的污染物的大部分。其中，"黄标车"所排放的氮氧化物和细颗粒物质分别占70.4%和90.1%。由此不难看出，综合治理"黄标车"的尾气排放十分必要。除了添加尾气净化器以外，改善发动机性能和油品质量同样非常重要。

大家可能都有这样的经验，当满载的大货车或者一些工程车辆驶过时，尾后常常飘着淡蓝色的烟气，有些甚至会有棕红色烟气弥漫。出现这一现象常常表明该车辆未安装尾气净化装置或所用油品杂质较多或油品未充分燃烧，烟气中含有大量的固体颗粒、烃类及氮氧化物，对空气造成相当大的污染。

---

① 周江评：《洛杉矶的治霾经验》，《当代社科视野》，2014年第11期。

关于一氧化碳(CO)：在标准状况下，一氧化碳纯品为无色、无臭、无刺激性气味的气体。相对分子质量为28.01，密度1.25 g/L，熔点－205.1℃，沸点－191.5℃，难溶于水。与空气混合爆炸极限为13%～74%。全身组织细胞均可受到一氧化碳的毒性侵入作用，其中大脑皮质所受影响尤甚。由一氧化碳与血红蛋白结合所成的碳氧血红蛋白，由于丧失携氧能力会造成组织窒息，并引发死亡。空气中的一氧化碳浓度达到50 ppm(1 ppm=10^{-6}，表示体积分数)时，健康成年人可以承受8小时；达到200 ppm时，2～3小时后，轻微头痛、乏力；达到400 ppm时，1～2小时内前额痛，3小时后威胁生命；达到800 ppm时，45分钟内眼花、恶心、痉挛，2小时内失去知觉，2～3小时内死亡；达到3 200 ppm时，健康成年人5～10分钟内头痛、眼花、恶心，25～30分钟内死亡；达到12 800 ppm时，1～3分钟内即可死亡。此外，我们可以通过下表1.1看出：汽车尾气排气口的烟气中有高达200 ppm的一氧化碳含量，这已经是比较危险的计量。而在未安装尾气净化器的汽车废气中，竟然有高达7 000 ppm的一氧化碳含量。该数据表明，我们还应继续努力，提高尾气净化器的净化效率，更重要的是，那些未安装尾气净化装置，或净化装置净化效率不达标的，应坚决予以取缔。

表1.1　一氧化碳的常见环境浓度

浓度ppm	来　　源
0.1	自然水平
0.5～5	普通家庭的平均水平
5～15	家中靠近燃着的燃气灶
100～200	汽车尾气
5 000	家庭柴火灶的排气口
7 000	未经尾气净化器(催化)处理的汽车尾气

除了汽车尾气以外，还有其他一些污染源值得注意。京津冀地区的雾霾，已查明的来源就有十几到数十种之多，其中主要是汽车尾气、工业废气、燃煤、扬尘、其他生物质燃烧，而燃煤和汽车尾气占据了相当大的比例。另外，也有数据推测，含氮化肥的不合理超量使用，会排放大量氨气，这些氨气会使污染物演变为二代或三代污染物，为治理带来相当大的困难。

近些年来，雾霾成了国人的心头之痛，人人谈霾色变。党和国家政府非常关心这一问题，近几年，李克强总理经常强调政府治理雾霾的决心。就在2017年的两会上，他还重申："如果有科研团队能够把雾霾的形成机理和危害性真正研究透，提出更有效的应对良策，我们愿意拿出总理预备费给予重奖！这是民生的当务之急啊。我们会不惜财力，一定要把这件事研究透！"雾霾问题是我们国家现在面临的巨大困难挑战，我们能否响应总理的号召，利用我们的学识，为我们和后人谋福造利呢？这个使命我们责无旁贷！

从化学角度分析，汽车尾气中的污染物二氧化氮受光和紫外线的照射，分解为一氧化氮和氧自由基（氧原子），该自由基遇到烃类物质，将烃类氧化为醛或酮；产生的醛或酮可被氧气进一步氧化为过氧化物，此过氧化物随后会与氧气继续发生反应，生成一分子臭氧；同时，该过氧化物还会将一氧化氮重新氧化成二氧化氮；此外，氧自由基也会与氧气分子反应生成一分子臭氧。整个光化学反应净结果为在紫外线和二氧化氮催化下，烃类物质被氧化成醛或酮、过氧化物，同时有臭氧产生，这些物质都会刺激人的呼吸系统，使人体抵抗力变差，甚至患病死去。这些物质吸附在固体尘埃上，形成气溶胶，成为雾霾的组成部分，严重危害人们的健康。

为了有效去除汽车尾气中的氮氧化物、硫氧化物，化学家研究出贵金属三元催化剂，它可以高效地去除这些污染物。采用化学法将铂、铑、钯沉积在多孔载体上，当从发动机出来的尾气经过时，沉积在载体上的贵金属催化剂高效地将一氧化碳转化成二氧化碳，氮氧化物转化成氮气和氧气，未充分燃烧的烃类转化成二氧化碳和水。①

2. 淡水

地球生物凭借水这一物质基础而生存，地球生态环境的可持续发展更离不开水资源作为其首要条件。同时，水也是人类实现生产生活不可缺少的资源，是中国实现可持续发展，实现伟大的强国之梦的基本需求。然而，水资源短缺和水体污染已经是横亘在我国发展前进道路上的巨大阻碍。我国是一个严重缺水的国家。除此之外，不同程度的水污染现象遍及松花江、辽河、淮河、海河、黄河、长江和珠江在内的七大江河水系。万里海疆形势也不容乐观，赤潮年年如期而至。解决这一突出矛盾，除了倡导节约用水以外，更为重要的是合理利用水资源（因为水资源总量的巨大提升短期内基本不可能）。水资源的合理利用的前提条件和保障就是制止和整治水污染。目前，我国的水体污染主要分为水体富营养化和水体重金属污染两大类。

---

① 付文丽、程博闻、康卫民等：《汽车尾气净化催化剂研究现状及发展前景》，《杭州化工》，2008年第3期。

(1) 中国淡水资源

中国是一个缺水严重的国家，淡水资源总量位居世界第四的同时，人均水资源仅排名第121位。例如中国高达2.8万亿立方米的淡水总量占全球水资源6%，仅次于巴西、俄罗斯和加拿大；而人均占有量2 300立方米，成为全世界13个水资源贫乏的国家之一，该值占世界平均值的四分之一，美国的五分之一。根据中国水利部的调研数据得出，该现象成因在于可利用淡水资源少并且分布不均衡，占水资源总量的28%，约为7 000亿～8 000亿立方米，此外，还有32%的基本生态用水和40%不能利用的洪水量，人均可利用水资源量仅约为650立方米。到20世纪末，600座中国城市中存在供水不足的多达400座，其中还有110座严重缺水。

当前，中国每年的用水量占据可开发利用水资源量的75%(>6 000亿立方米)，几近水资源足以支撑的极限。《全国水资源综合规划》报告中显示，海河、黄河、辽河、西北和东部沿海城市等地缺水严重，缺水范围也进一步扩大，中国多年平均缺水总量达536亿立方米。水利机构预测，2030年中国人口将达16亿，届时人均可利用水资源量仅有488立方米。在充分考虑节水的情况下，中国实际可利用水资源量接近合理利用的上限，水资源开发难度极大。改变水资源日益短缺的状况不能靠柔性措施，相反，必须借助刚性措施。

根据环保部门发布的数据，2012年，我国的十大水系和62个主要湖泊分别有31%和39%的淡水水质达不到饮用水标准，严重影响个人的生产生活。《中国环境高质量公报》在2008年检测出全国地表水的污染情况，海河、辽河、淮河、巢湖、滇池、太湖污染严重，其中淮河流域与滇池的工业较发达河段污染更重，78%的水不适合做饮用水源；浙闽地区河流水则存在轻度污染以及突出的富营养化问题，总体上七大水系污染程度为中度。从地下水污染的情况看，由于地表水质污染造成的污染直接加大对地下水的开采，导致地下水漏斗面积扩大与水位幅度下降；进一步影响地下水原有动力系统，并引发地面浅层污水向深层倒灌与流动。换言之，地下水的超采与污染形成恶性循环。根据全国195个城市检测结果显示：97%城市的地下水存在不同程度污染，40%城市的地下水污染每年逐步加重。环保部副部长翟青说："中国4 778个地下水水质监测点中，59.6%的水质较差甚至极差。中国9个重要海湾中，7个水质差或极差。污染物排放远超环境容量，水污染治理任务艰巨。"

工业生产中排放的污水是水环境污染物的主要来源之一，未经处理的工业废水的排放严重破坏自然生态环境，与生活污水相比，工业污水量少却危害大。造纸、化工、钢铁、电力、食品、采掘、纺织等是水污染集中的 7 个行业，排放废水占总量的 4/5，其中造纸与食品业的化学需氧量(COD)排放量占总排放量的 2/3，有色冶金业的重金属排放量占总量的近一半。中国第一次污染源调查表明，COD 实际排放量达 3 029 吨，远超承载力的 741 吨，污水量超过环境容量。

2014 年 5 月 15 日，中国工程院院士、中国环境科学研究院院长孟伟在"北京科博会第九届中国循环经济发展论坛"上，总体介绍中国水污染负荷大于水环境容量的情况：北方水资源的短缺造成生态用水的严重不足，而南方丰水地区则主要是水质性问题突出。孟伟也谈到，为了合理利用水资源以及维护水环境的健康，国家环保部门结合当前发展战略优化了产业结构和空间布局。

中国工程院院士钱易说："中国水污染形势如此严峻，归根到底是没有按照科学发展观办事，没有按照法律办事，没有按照客观规律办事。热衷急风暴雨式的运动，没有坚持不懈地打持久战。"

全国工商联环境商会秘书长骆建华说："中国工业污染治理依然沿用'谁污染、谁治理'的思路，由排污企业自行解决治理问题。"目前国际上通行的做法是排污企业签订合同并付费给专业环保公司，即委托第三方的治理模式。在骆建华看来，此种好处可谓一举三得：排污企业在治理成本减少的同时，也提高了达标排放率；政府执法部门由于对监管对象集中可控，也减少了相应成本；最后是环保企业和产业的应运而生。

(2) 水体富营养化及其治理办法

我国多数湖泊普遍出现重金属污染，75%存在富营养化的问题，其中最严重的是太湖、巢湖和滇池，污染指标是总磷、总氮、化学需氧量和高锰酸盐指数。太湖水体中的污染指标和富营养化指标升高发生在 20 世纪 80 年代后期，尤其是 1987 年以后，由轻污染渐趋严重。滇池在 20 世纪 70 年代水质良好并有多种类型生物，严重的富营养化问题出现在 90 年代。

淡水富营养化，主要原因在于水体中氮、磷含量严重超标，导致水中藻类植物疯长，吸收了大量氧气，同时遮挡了阳光照射到湖底，致使其他植物无法生长，鱼类没有食物和氧气，大量动植物死亡，严重的可导致生态系统崩溃。治理富营养化相对其他污染物而言比较容易，除去过量的磷和氮即可，特别是磷元素。目前比较高效的方法是加入沉淀剂进行化学沉淀，这类方法虽然简单、高效、彻底，但成本较高，同时带来了二次污染的可能。因此，如果我们能找到另一种更好的解决方式，就可以还诸如滇池这样的高原明珠原本的清澈。而重金属对水体的污染就没有富营养化问题这么容易解决，更严重的是，水体重金属污染还会污染土壤，并且土壤的去污染化更困难，目前来说几乎是不可能的。所以，水体重金属污染是我国当下严峻的、亟待解决的难题之一。

(3) 水体重金属污染及其治理办法

常见的水体重金属污染物主要是铅、镉、铬和汞的污染，这些重金属严重影响着人体健康。水利部门所做的调研表明，全国近十万公里长的河流中，被污染河长已经占半数，90%以上城市水域存在严重污染。使藻类植物变色和海鱼死亡的甲基汞，是由微生物作用于水体中的汞形成的。除此之外，铅、铬等重金属同样危害生物的正常生命活动。富集于鱼、虾的甲基汞被人长期食用以后，会导致人的中枢神经系统受损而表现为以下症状：运动失调，痉挛、麻痹、语言和听力发生障碍等，甚至死亡。生物的富集作用的发生，是由于重金属、化学农药等化学性质稳定、不易分解的污染物，通过食物链集聚在生物体内因而不易被排出，食物链的延长反之会加强此种作用。世界八大公害病之一的“水俣病”就起因于工业污水的排放。

> 1956年，日本熊本县水俣湾出现一种奇怪的病，轻度患者面部障碍、视觉丧失、口齿不清、行动震颤以及手足变形，更甚者神经系统失常，因而嗜睡以及兴奋，身体弯弓，高叫直到死亡。这种病日后被称为“水俣病”，“水俣病”的罪魁祸首是当时处于世界化工业顶尖的氮生产企业。氮用于肥皂、化学调味料等日用品，以及醋酸、硫酸等工业用品的制造上。然而，随着该公司的发展，却给当地居民及其生存环境带来了无尽的灾难。该公司使用含汞的催化剂生产氯乙烯和醋酸乙烯，致使排放的废水中含汞，并被水中微生物转换为能在体内积存的、剧毒的甲基汞。水俣湾被河水污染的鱼虾经过食物链转换，聚集体内的甲基汞侵入其他动物和人类身体，从而对脑神经和身体其他部位造成损害，例如脑萎缩、身体失衡以及知觉系统受损。据统计，有数十万人食用了水俣湾中被甲基汞污染的鱼虾。

当前，我国的水体重金属污染呈上升态势，不容忽视。以大米为例，我国近年来发生过多起水污染导致的稻米重金属超标事件，多发的金属为镉、铅和汞，严重威胁国人的身体健康。镉、铅、汞防治是当务之急。

就在最近几年，镉污染呈现短时间内多地相继爆发的现象。目前我国年产大米2亿吨，镉污染大米超过2 000万吨，超过10%的大米镉污染，威胁着近两亿人的饮食安全，因此，镉污染的治理迫在眉睫。然而土壤去镉化非常不容易，目前我们能做的只是遏制住污染的源头——水体镉污染。

目前最高效的治理水体重金属污染的方法是离子交换柱色谱法，将配体固定在树脂上，制成的离子交换柱可以有效地将金属离子抓住，空穴被金属离子填满后，加入另一种化学物质可以将被络合的金属离子洗脱下来，再生树脂可以方便地再次使用。在这里要强调的是：我们应该关心寻找更加专一的、高效的、合成方便的配体，避免配体对营养离子的络合。实现该目标，需要学好有机化学基础知识，因此，同学们务必夯实基础，才能日后为发现优秀的配体结构提供知识保障。

二、绿色医药

1. 新型绿色医药的开发

药物是人们生活中必不可少的基本健康保障。在医药的开发和生产过程中，处处体现一个国家的综合能力。在党和国家可持续发展大旗的指引下，我们应大力发展绿色医药。绿色医药至少要满足三个方面的要求：第一，绿色医药应在来源和生产过程中符合绿色环保要求；第二，在当前及今后，它对体内环境没有负面影响，也即绿色医药的使用不会催生新的耐药菌种，或有可遗留的后遗症或副作用；第三，绿色医药应具有明确体内代谢途径和作用机理的具有确切疗效的药品。

然而，仅就新药开发的平均投入来讲，一般约需 26 亿美元，还不包括人才、场地和时间成本。因此，如何高效地开发新型绿色药物，目前我国与发达国家还有一定的差距。但是作为中国人的我们绝对不能遗忘，华夏子孙拥有世界上最长的、最广泛的天然药物使用经验，在这些宝贵的文献古籍遗产中，我们总能找到可为人类服务的分子。比如人参、虫草等中药材，其所含有的人参皂苷、虫草素等成分已经被证实具有良好的药效。近年来，青蒿素闯入了人们的生活，作为上述论述的最好例子，还得从屠呦呦获奖说起。

屠呦呦多年从事中药和中西药结合研究，突出贡献是创制新型抗疟药青蒿素和双氢青蒿素。1972 年，她和她的团队成功提取到了一种分子式为 $C_{15}H_{22}O_5$ 的无色结晶体，命名为青蒿素。2011 年 9 月，因为发现青蒿素——一种用于治疗疟疾的药物，挽救了全球特别是发展中国家的数百万人的生命，屠呦呦获得拉斯克奖和葛兰素史克中国研发中心“生命科学杰出成就奖”。2015年10月，屠呦呦获得诺贝尔生理学或医学奖，因为她发现了青蒿素，这种药品可以有效降低疟疾患者的死亡率。屠呦呦是第一位获得诺贝尔科学奖项的中国本土科学家、第一位获得诺贝尔生理医学奖的华人科学家，是中国医学界迄今为止获得的最高奖项。2017年1月9日，屠呦呦获得2016年度国家最高科学技术奖。

屠呦呦及其团队的成功，体现了我们社会主义制度攻坚克难的优越性，集中国家最优势的科研力量，哪怕在“文革”时期，依然坚持前进。这是其他社会制度无法比拟的。

青蒿素是从复合花序植物黄花蒿的叶中提取得到的，是继乙胺嘧啶、氯喹、伯氨喹之后最有效的抗疟特效药，尤其是对于脑型疟疾和抗氯喹疟疾，具有速效和低毒的特点，曾被世界卫生组织称作“世界上唯一有效的疟疾治疗药物”。抗疟疾作用机理主要在于，在治疗疟疾的过程中通过青蒿素活化产生自由基，自由基与疟原蛋白络合，作用于疟原虫的膜系结构，使其泡膜、核膜以及质膜均遭到破坏，线粒体肿胀，内外膜脱落，从而对疟原虫的细胞结构及其功能造成破坏。

根据世界卫生组织的统计数据，自2000年起，撒哈拉以南非洲地区约2.4亿人口受益于青蒿素联合疗法，约150万人因该疗法避免了疟疾导致的死亡。因此，很多非洲民众尊称其为“东方神药”或“中国神药”。

此外，青蒿素在其他疾病的治疗中也显示出诱人的前景，如抗血吸虫、调节或抑制体液的免疫功能、提高淋巴细胞的转化率等。

2. 新型绿色医药的合成

如前所述，我国有着非常悠久的天然药物（中药）使用历史和经验，是先人给人类留下的宝贵财富。但人们服用的大部分中药成分往往是无用甚至具有副作用。如何成功、高效地合成有效分子，避免摄入无益成分，同时减轻对动植物资源的消耗，减轻环境压力是科学家迫切希望解决的问题。以青蒿素为例，遗憾的是，青蒿素大部分还依赖植物提取或人工半合成，下图1.1展示的就是青蒿素半合成路线。由此我们可以看出，即便从可通过植物获取的原料出发，仍然需要9步反应才能获得青蒿素，可见人工合成青蒿素所要付出的代价之大。但是，相比较于其他天然产物分子，青蒿素分子还是相对比较简单的。接下来我们给大家介绍一下紫杉醇的全合成。

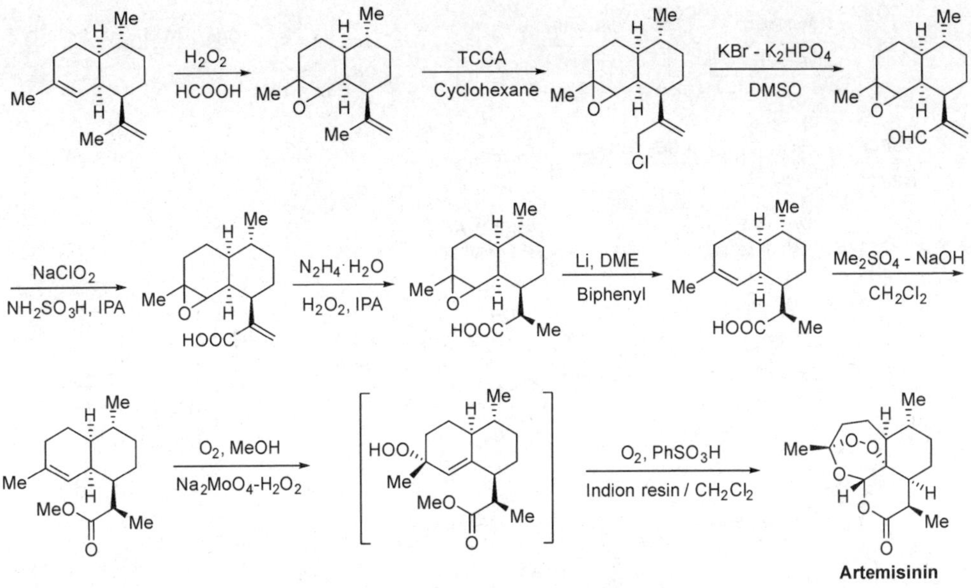

图 1.1 青蒿素(Artemisinin)的半合成

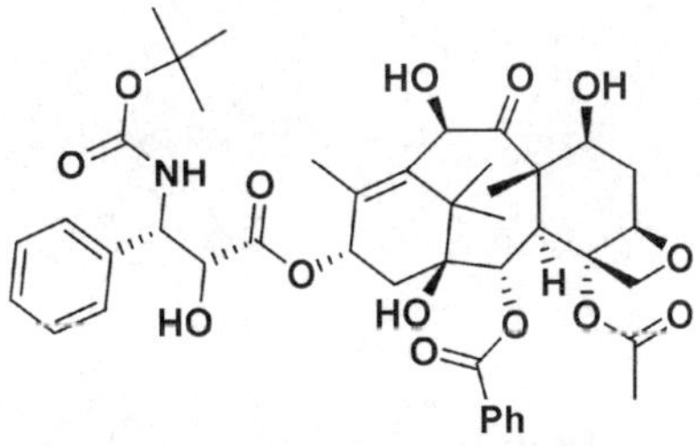

紫杉醇(其分子结构见图 1.2)是一种从裸子植物红豆杉的树皮分离提纯的天然次生代谢产物，经临床验证，具有良好的抗肿瘤作用，特别是对发病率较高的卵巢癌、子宫癌和乳腺癌等有特效。紫杉醇是近年来国际市场上最热门的抗癌药物，被认为是人类未来 20 年间最有效的抗癌药物之一。近年来地球人口和癌发率呈爆发性增长，对紫杉醇的需求量亦明显增大。目前临床和科研所需的紫杉醇主要是从红豆杉中直接提取，由于紫杉醇在植物体中的含量相当低(目前公认含量最高的短叶红豆杉树皮中也仅有 0.069%)，大约 13.6 千克的树皮才能提出 1 克的紫杉醇，治疗一个卵巢癌患者需要 3～12 棵百年以上的红豆杉树，也因此造成了对红豆杉的大量砍伐，致使这种珍贵树种已濒临灭绝。加之紫杉本身资源很贫乏，而且红豆杉属植物生长缓慢，这对紫杉醇的进一步开发利用造成了很大的困难。

图 1.2 紫杉醇(taxol)分子结构

下图 1.3 展示的仅是紫杉醇四环骨架的合成方法，不是整个分子的合成。从图示可以看出，全合成虽然可以获得紫杉醇，但目前路线太长，总产率太低，使得该合成方法几乎没有应用性。作为一个长期从事有机合成方法学的研究人员，我和我的

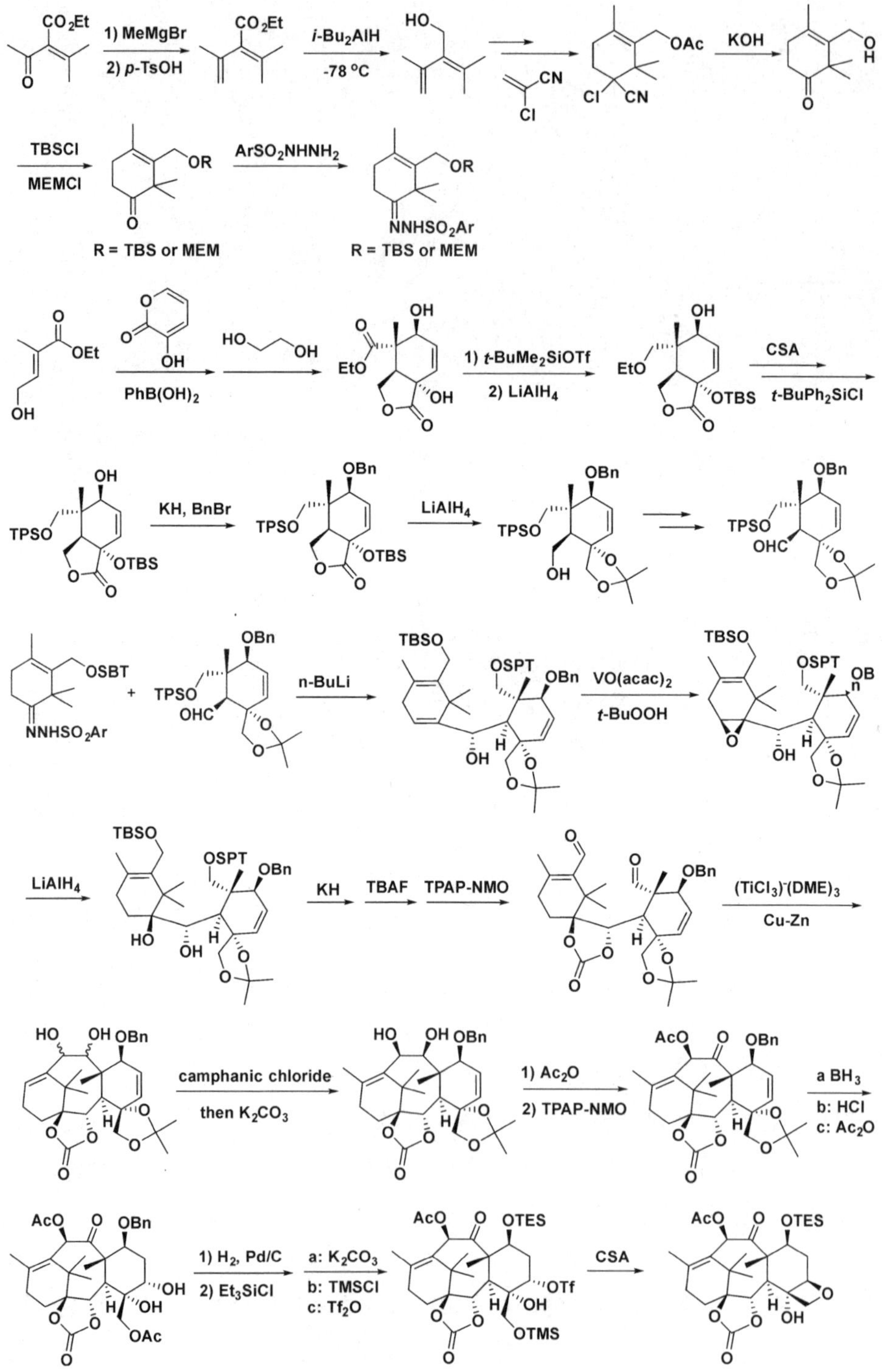

图 1.3 紫杉醇母体骨架的全合成

团队一直致力于开发新型的、高产率的有机合成方法，相信在不远的将来，我们可以缩短反应路线，提高反应的选择性，从而实现高效地人工合成紫杉醇，使得人们不依赖于植物资源，既保护了植物，同时也保护了环境。这也正契合了我国可持续发展的价值定位。然而，要想达成这一目标并不是易事，需要几十位甚至几代化学家的共同努力。相信我们可以众志成城，像完成“5·23”计划那样，实现紫杉醇等特效药物的具有生产价值的全合成。

3. 新型绿色医药的生产

除了药物的筛选和合成路线的设计外，药物生产过程中的高效和绿色环保也十分重要，由于药物合成中要使用大量化学试剂，经过多步反应，且不能保证每步反应产率都是100%，因此在生产过程中会产生大量三废。因此，缩短反应路线，提高反应产率和选择性，提高反应的原子经济型对于药物生产非常重要。

下图1.4展示的是我国著名有机化学家、中科院院士周其林团队近期的研究成果，该成果表明，选用某螺环氮磷配体配位的铱催化剂，对酮羰基的不对称加氢非常高效，可达到98%的ee值（对映体过量值）和高达450万的TON（单个活性位能转化的底物分子数），即一个催化剂分子可以催化450万个底物分子发生反应。这是何等的高效！甚至，反应后续不必除去催化剂，因为用现在的分析手段，根本无法检测出催化剂的存在！

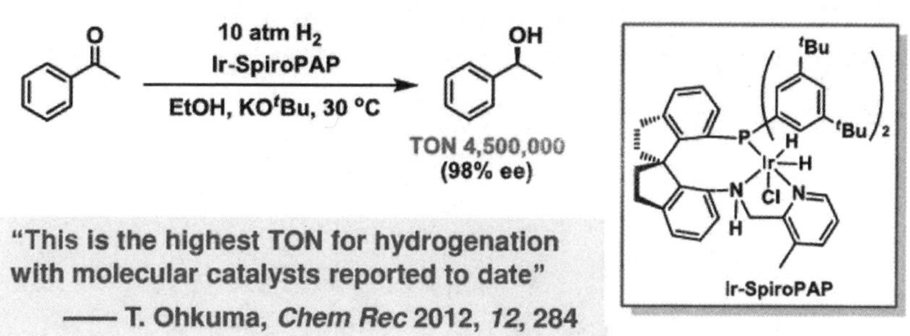

图1.4　周其林院士团队的研究成果发表在化学顶级期刊《德国应用化学》上

我们设想，如果在药物生产环节的每一个反应步骤均能像上述反应这样高效，那么将基本没有三废产生！因此，研究和发展新型的超高效反应方法对药物生产的意义深远，我们应用所学的化学知识，努力发展我国的医药行业，这是提升自我、造福他人、报效祖国的绝佳途径。

三、绿 色 能 源

最后，从化学的角度和大家谈一谈能源问题。能源是目前国际社会最敏感的话题之一，甚至有人说：得能源者得天下。我们使用了几十甚至上百年的煤和石油等矿石资源，这些资源虽然获取简单，使用方便，但给环境带来了很大的负担。并且，矿石资源属于不可再生资源，一旦消耗完，人们将面临无能源可用的尴尬境地。下面从三方面介绍我们今后可以使用或应该大力发展的能源种类。

能源分类：

① 来自地球外部天体的能源（主要是太阳能）。除直接辐射外，并为风能、水能、生物能和矿物能源等的产生提供基础。人类所需能量的绝大部分都直接或间接地来自太阳。各种植物通过光合作用把太阳能转变成化学能在植物体内贮存下来。煤炭、石油、天然气等化石燃料也是由古代埋在地下的动植物经过漫长的地质年代形成的。它们实质上是由古代生物固定下来的太阳能。此外，水能、风能、波浪能、海流能等也都是由太阳能转换来的。

② 地球本身蕴藏的能量。通常指与地球内部的热能有关的能源和与原子核反应有关的能源，如原子核能、地热能等。温泉和火山爆发喷出的岩浆就是地热的表现。地球可分为地壳、地幔和地核三层。地壳就是地球表面的一层，一般厚度为几公里至 70 公里不等。地壳下面是地幔，它大部分是熔融状的岩浆，厚度为 2 900 公里。火山爆发一般是这部分岩浆喷出。地球内部为地核，地核中心温度为 2 000 度。可见，地球上的地热资源贮量也很大。

③ 地球和其他天体相互作用而产生的能量，如潮汐能。

1. 太阳能

首先，太阳能绝对可以算是最清洁、储量最大、可再生的优质能源。初步计算表明，我们获得的太阳光辉中，每秒约合 1.75×10^{17} 焦耳的能量，这是一个天文数量级的数字。大家可能并不能直观地感受到该能量的巨大程度。我们可以换算一下，它约合 5.97×10^{9} 吨标准煤所产生的热量，也就是每秒燃烧 59 亿吨标准煤。按照目前世界已探明的煤炭总储量 13.6 万亿吨计算，仅相当于太阳照射到地球上 39 分钟的能量！相当于每天每人分到 7.4 万吨煤！这是何等令人惊讶的数字！因此，仅太阳能一项能源，如果我们加以合理利用，即可解决目前所有的能源问题。

然而遗憾的是，目前太阳能的利用还非常局限和低效，主要原因在于所使用的光电转换器件的成本和转化效率。由于转化效率仅在10%～20%左右，因此需要巨大的面积，世界上最大的太阳能发电站竟占地27平方公里，相当于2 700公顷的土地！而且，太阳能板所用的材料为晶体硅材料，造价昂贵且无法回收。

除了利用光电转化材料捕获电能外，也可以利用镜面反射将太阳能集中到一个狭小的空间，从而加热蒸汽锅炉产生动力发电，但该类型电站还是无法克服占地巨大的缺点，同时还存在生态隐患，锅炉附近的空气高达500多摄氏度，鸟类飞过会瞬间被烧焦。因此，研究新型的光电转化器是解决上述问题的关键所在，幸运的是，科学家已经找到了几个可能的突破口。

伊凡帕太阳能发电站位于美国加州和内华达州交界的莫哈韦沙漠，该电厂架设了30万块太阳能板(镜面，用于反射和聚焦太阳光)，负责收集能量发电。太阳能镜面由计算机控制，收集的太阳光会被反射到达高140米的塔顶，在那里，水经加热后变为水蒸气，为设备的动力涡轮提供驱动力。通过镜面反射，而不是多晶硅单晶硅电池板的方式，一定范围内的阳光通过聚光系统聚焦在一个相对较小的光斑上，从而大幅减少太阳能电池的用量，降低此方面的成本。然而，工作人员发现飞越发电站的鸟类会被灼伤，经测试太阳能板上空热通量达到537摄氏度。而业内人士表示，太阳能核电站蕴藏能量既改变了局部地区的气候，其产生的光污染也对高空飞行的飞机造成伤害。

在目前研究的光电转化器件中，比较成功和有前景的是有机膜转化器和染料敏化太阳能转化器，本质上说，染料敏化太阳能转化器也属于有机膜转化器的一种。它具有成本低、可弯曲、厚度薄、可降解回收等特点，这些特点都使其优于晶体硅材料。图1.5展示的就是华东理工大学老师研究成功的有机膜太阳能转化材料，WS-55的光电转化效率已达9.46%，虽然没有突破10%，但理论计算表明，利用有机膜作为光电转换材料，其转化效率有望突破50%。这一研究成果极大地鼓舞了我们，相信在未来，有机膜太阳能转化材料一定能发挥巨大作用，甚至替代传统的煤、石油等矿石能源。

薄膜太阳能电池是缓解能源危机的新型光伏器件。传统的薄膜太阳能电池可以使用在价格低廉的陶瓷、石墨、金属片等不同材料当基板来制造，形成可产生电压的薄膜厚度仅需数微米，目前转换效率最高可以达13%。薄膜太阳能电池除了平面之外，也因为具有可挠性可以制作成非平面构造，其应用范围大，可与建筑物结合或是变成建筑体的一部分，应用非常广泛。目前，基于新型无机材料(砷化镓、铜铟硒、

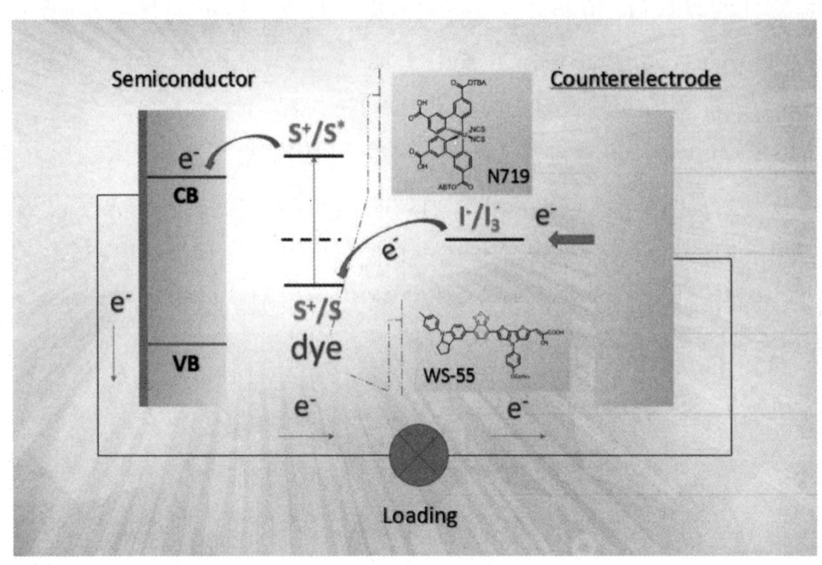

图 1.5 有机膜染料敏化太阳能电池工作原理

碲化镉等)和有机膜太阳能电池的研究取得了很大的突破,由于有机薄膜材料的巨大优势,相信在不远的将来,一定可以替代传统的薄膜材料,广泛地服务于人类。

2017 年 5 月 14 日,在北京举办的"一带一路"国际合作高峰论坛上,熊猫电站项目正式纳入中国政府与联合国共同签署的《关于共同推进"一带一路"建设的行动计划》,成为中国"一带一路"倡议的重要落地项目,未来将为建设绿色"一带一路"提供助力。

熊猫电站的创新技术助力实现节能减排的目的,在多达 30 多项技术创新中甚至有 8 项创下行业之首。全数字化设计理念背景之下,大同熊猫电站在未来运转将融入智能手段,例如数据采集、高速无线通信和互联网技术等,从而实现智能运维和智能信息的控制与传输。

在山西大同,世界上首座熊猫外形的光伏电站正式落成,目前已实现并网发电。这座总占地面积约 1 500 亩的光伏电站于 2016 年开始建设,属于绿色能源示范项目。该电站由深浅两种颜色组成:熊猫的深色部分,比如爪子和耳朵,由单晶硅太阳能电池组成;浅色部分由薄膜太阳能电池以及 N 型双面单晶硅电池组成。其中,薄膜组件和单晶组件具有超强的弱光发电能力,双波双面 N 型发电组件的综合转换率高达 20%,电站综合发电效率约 83%。大同熊猫电站总装机容量 100 兆瓦,在 25 年内可提供 32 亿度的绿色电力,相当于节约煤炭105.6万吨、减少二氧化碳排放274万吨。此次落成的大同熊猫一期电站装机容量50兆瓦，共采用69 888块单晶硅组件、94 248块双玻双面组件、11 250块碲化镉薄膜组件。第一期熊猫电站外形由一对幼年的熊猫宝宝组成，未来二期还将继续建设一对熊猫爸爸妈妈，共同组成美满的熊猫家庭。

2. 燃料电池

经典的燃料电池选用氢气和氧气作为清洁燃料，利用催化剂高效地催化氢氧反应，将释放的能量直接转化为电能，且产生的燃烧产物仅为水。能量转换率高，无污染，噪音小。20世纪50年代后期，我国开始对燃料电池的研发，70年代国内在应用于航天AFC（碱性燃料电池）的电池研究上出现首次高潮，如氨/空气燃料电池、肼/空气燃料电池、乙二醇/空气燃料电池等。经过10年低潮期直至90年代，在国外研发技术进展的背景之下，国内掀起新一轮研究燃料电池热潮。1996年召开的第59次香山科学会议上专门讨论了“燃料电池的研究现状与未来发展”，鉴于PAFC（磷酸燃料电池）在国外技术已成熟并进入商品开发阶段，我国重点研究开发PEMFC（质子交换膜燃料电池）、MCFC（熔融碳酸盐燃料电池）和SOFC（固体氧化物燃料电池）。中国科学院将燃料电池技术列为“九五”院重大和特别支持项目，国家科委也相继将燃料电池技术包括DAFC（直接醇类燃料电池）列入“九五”“十五”攻关、“863”“973”等重大计划之中。作为一项系统性工程，研发燃料电池必须具有“官、产、研”结合的特征。政府部门的重视、产业部门兴趣以及需求的增加、研发机构雄厚的科研基础和人才队伍形成了推动燃料电池发展的三股合力。

此外，作为产煤与燃煤大国的中国，存在资源浪费和环境污染的问题，例如，仅对煤的消耗量就约为世界水平的四分之一。汽车的拥有量随国民经济发展与人民生活水平的提高而增长，加剧了燃油汽车作为污染源的现状。为提高资源利用率并保护生态环境，必须加大对燃料电池这种新型洁净能源技术的研发力度。

燃料电池是将燃料与氧化剂的化学能通过电化学反应直接转换成电能的发电装置。燃料电池有以下优势：首先极具高经济性，当前的技术因素和整个装置系统耗能导致实际运行中的燃料电池转换率居于45%～60%之间，考虑排热则达80%，而燃料电池可在将近百分百热效率下运转；其次，能量转换率高且无噪音、无污染，燃料电池无须经过热机过程，也不受卡诺循环限制，是一种理想的能源利用方式。与此同时，燃料电池技术的成熟和西气东输工程为其提供的充足天然气源，使得其存在商业化应用的前景。

作为新一代年轻的中国人，我们应不遗余力地发展该领域，打好化学，特别是物理化学基础，为实现科技强国作出贡献。

3. 新型清洁能源

近年来，科学家越来越重视一个新型的清洁能源——天然气水合物（Natural Gas Hydrate，简称 Gas Hydrate）。天然气水合物是一种笼心结构的晶体，笼的骨架由水分子组成，每个笼中包含一个甲烷分子。它的形成机理是细菌分解有机质释放二氧化碳，二氧化碳经氧化还原反应生成甲烷，甲烷在海底的低温高压环境下与水分子排列形成天然气水合物。

> 天然气水合物即可燃冰，分布于深海沉积物或陆域的永久冻土中，由天然气与水在高压低温条件下形成的类冰状的结晶物质。可燃冰在海洋浅水生态圈，通常出现在深层的沉淀物结构中，或是在海床处露出。可燃冰据推测是因地理断层深处的气体迁移，以及沉淀、结晶等作用，与上升的气体流与海洋深处的冷水接触所形成。可燃冰往往分布于水深大于 300 米以上的海底沉积物或寒冷的永久冻土中。海底天然气水合物依赖巨厚水层的压力来维持其固体状态，其分布可以从海底到海底之下 1 000 米的范围以内，再往深处则由于地温升高其固体状态遭到破坏而难以存在。

天然气水合物之所以又被称为“可燃冰”（Combustible ice）或者“固体瓦斯”和“汽冰”，在于其外观像冰且遇火则燃。天然气水合物其实是一个固态块状物，因其资源密度高，储量大，具有极高的资源价值，因而成为油气工业界长期研究热点。大陆永久冻土、岛屿的斜坡地带、活动和被动大陆边缘的隆起处、极地大陆架以及海洋和一些内陆湖的深水环境适合天然气水合物的存在。一些国家，如美国、日本、德国、中国、韩国、印度为代表，均已制定了勘探开发可燃冰的研究计划。当今可作为可燃冰热点研究区超过 230 多处，大多是发现了水合物矿点的近海海域与冻土区。

世界上海底天然气水合物已发现的主要分布区是大西洋海域的墨西哥湾、加勒比海、南美东部陆缘、非洲西部陆缘和美国东海岸外的布莱克海台等，西太平洋海域的白令海、鄂霍茨克海、千岛海沟、冲绳海槽、日本海、四国海槽、中国南海海槽、苏拉威西海和新西兰北部海域等，东太平洋海域的中美洲海槽、加利福尼亚滨外和秘鲁海槽等，印度洋的阿曼海湾，南极的罗斯海和威德尔海，北极的巴伦支海和波弗特海，以及大陆内的黑海与里海等，分布十分广泛，并且随着人们对海洋未知区域的探索和开发，还会有更多更大的可燃冰气田被发现。

相比煤、石油、天然气这些燃烧完后产生大量残渣的燃料，可燃冰的污染较小，在温度为18℃的高压之下，可燃冰的性质仍然稳固。使用1立方米可燃冰就可得到164立方米的天然气和0.8立方米的水。一般的甲烷气水化合物组成为1摩尔的甲烷及5.75摩尔的水，然而这个比例取决于多少甲烷分子“嵌入”水晶格各种不同的包覆结构中。可燃冰使用较为简单，只需将固体的天然气水合物升温减压就可释放出大量的甲烷气体。

目前探明的可燃冰大都集中在海陆交汇区，储量十分惊人，目前已探明储量1.8亿亿立方米，相当于1.1万亿吨甲烷，按照碳的物质的量计算，可燃冰的储量约为所有煤、石油和天然气总量的两倍，可让整个人类使用1 000年。

参考文献：

[1] 苏晓云：《汽车尾气净化稀土催化剂研究应用现状及发展趋势》，《稀土》，2006年第5期。
[2] 马小娟、呼方涛、王锦华：《浅析可燃冰的研究现状与发展前景》，《科技信息》，2011年第7期。
[3] 褚同金编著：《海洋能资源开发利用》，北京：化学工业出版社，2005年。

第二章　绿色化工：从 DDT 到青蒿素

本章问题

1. 现代农业离不开化学农药的作用，你如何看待这个问题？
2. 蕾切尔·卡逊是否改变了我们人类社会的发展模式，为什么？
3. 蕾切尔·卡逊的观念在当今社会还适用吗？
4. 你认为疟疾重新流行与蕾切尔·卡逊有关吗？
5. 人和自然到底应该怎样相处才能和谐发展？

我们现在的生活方式和生产方式开始于 18 世纪，随着瓦特改良的蒸汽机的普及，人类第一次获得了超越自身和畜力之外的动力来源，也第一次拥有了足以改变自然界、征服自然界的雄心与手段。

第一次工业革命的来临以生产领域内蒸汽机的广泛使用为标志，人类不断摆脱对自然界的依赖，从而借助以石化燃料为动力的机器、火车、轮船等迈入工业社会。自此，家庭作坊以及农业生产模式被流水线的机器所取代，从而转变为工业化生产模式。

与此同时，高度发达生产力的增长以打破生态平衡为代价。在对作为生产原料的自然资源的指数型增长需求与开采的同时，又源源不断向自然界排放生产废料。近代科技由于提升了人与自然双向物质交换的效率，从而带来物质繁荣并推动人类文明的更新，然而其造成的生态环境破坏超过了自然本身的修复能力。

20 世纪 60 年代以来，越来越多的环境污染事件使得有识之士开始怀疑人定胜天的理念，标志性的事件就是美国海洋生物学家蕾切尔·卡逊在 1962 年撰写的《寂静的春天》在美国发行。在《寂静的春天》中，蕾切尔·卡逊将杀虫剂对生态环境的危害陈列了出来。

在当时，双对氯苯基三氯乙烷（一种被广泛使用的农药，以下简称 DDT）被认为是减少或消除虫害的突破性的成果，在很多的国家，DDT 的使用量在不断地增加，但是人们却忽视了 DDT 对整个生态系统造成的危害。于是，在《寂静的春天》中，蕾切尔·卡逊将 DDT 对整个生态网造成的危害暴露在人们的眼中，对此后人类生态环境保护产生了重要影响和积极作用，是促使环境保护事业在美国和全世界迅速发展的导火线，是现代环保运动的经典。

可是事物往往有残酷的另一面。DDT 由于灭蚊效果好，能够防止因蚊虫叮咬引发致命的疟疾传染而被誉为神药。因而对于蕾切尔·卡逊的多数支持者而言，他们虽然认识到 DDT 对生态系统所造成的后果，却又不得不面对疟疾带来的危害。

DDT 的被禁是疟疾死灰复燃的主要原因，在 DDT 被禁后所带来的疟疾盛行的背景下，2006 年 9 月 15 日，世界卫生组织修改实施多年的防治策略并公开号召非洲国家再次使用 DDT。虽然有一些非政府环境组织理解此举，但由于 DDT 存在潜藏危害，不少组织认为最佳解决方法应是花钱开发廉价替代品，因而对此举持保留态度。中国科学家屠呦呦发明的青蒿素就是在 DDT 被禁，疟疾重新成为威胁人类主要传染病的情况下出现的。

同样地获得诺贝尔奖的两种工业产品，DDT 和青蒿素，其背后折射出的人类科技能力与自然的关系远非对错那么简单。

一、现代农业与病虫害

1. 我国的现代农业

何谓现代农业？我国农业科技工作者将现代农业领域划分为产前领域、产中领域和产后领域三部分，其中产前领域包括农业机械、化肥、水利、农药、地膜等。

现代农业已从原有的第一产业扩大至第二、三产业，从而发展为助力农业服务的产业群，可以说，既包括传统的种植业、养殖业等农业部门，又囊括第二工业的生产资料工业、食品加工业等，以及第三产业的交通运输、技术和信息服务等部门。在市场需求的导向之下，与农业生产相关的产业群与其结成相互依赖和共同进退的利益共同体①。

2. 我国农作物病虫害的影响

我国是农业大国，大部分农作物的产量都居世界第一，有的甚至远远大于其他国家。与此同时，农作物的病虫害也是我国的主要农业灾害。我国的农业病虫害具有非常鲜明的特点：病虫害发生面积大，病虫害的种类繁多，病虫害的危害

---

① 李瑾、于战平、孙国兴：《21 世纪初天津农业产后领域发展目标、思路与政策建议》，《农业技术经济》，2002 年第 1 期。

巨大。据统计，如果不防治，病虫害每年给我国农作物带来的损失可达总产量的30%以上[①]。

3. 我国农作物病虫害防治的难点

(1) 病虫害种类繁多

我国主要农业有害生物涉及1 665种农业病虫草鼠害对象，其中，病害775种，害虫739种，杂草109种，害鼠42种。主要的农作物包括水稻、麦类、玉米、薯类、高粱、棉花、大豆、油菜、花生及其他油料作物，蔬菜、果树、西瓜及甜瓜等，茶树、热带作物、桑树及柞树、麻类、糖料作物、烟草、牧草等。

(2) 主要农作物种植面积大

我国常年播种面积在16亿亩左右，其中水稻一般在4.5亿亩左右，玉米在5.3亿亩左右，小麦在3.6亿亩左右。

(3) 耕地种类多

我国耕地类型包括灌溉水田、望天田(主要依靠天然降雨)、水浇地、旱地、菜地、果园、桑园、茶园、橡胶园、有林地、灌木林地等。

二、化学农药

1. 什么是化学农药

农药是指在农作物的生长过程中，为保证其正常生长，而使用杀死有害动植物的药剂的总称。人工合成的化学制剂农药就是化学农药[②]。化学农药的种类繁多，大致分为无机和有机农药，目前全世界范围内有几千种化学农药，我国常用的有几百种。

2. DDT的发明

1874年，德国一位叫蔡德勒的青年化学家纯粹出于兴趣爱好，在拜耳的帮助下，合成了DDT。DDT的结构左右对称，非常完美，同时这样的结构也非常稳定，但是，出于兴趣爱好合成的新物质DDT在当时并没有引起关注，因为大家不知道DDT有什么用。

到了20世纪上半叶，瑞士化学家保罗·米勒博士受聘进入瑞士奇吉公司，从事新化学品的研发工作，公司要求他开发一种真正实用的杀虫农药。作为化学专业博

① 纪明山：《农药在现代化农业中的作用》，《环境保护与循环经济》，2011年第3期。
② 郑京：《绿色农药发展概述》，《安徽化工》，2004年第3期。

士的米勒经过查阅文献及市场调研后发现，虽然有关杀虫农药研究的文献和专利非常多，但真正实用的，也就是说，既具有良好的杀虫效果，又能大规模生产、价格合理的农药品种一个也没有。

造成这种尴尬现象的原因其实很简单，当时的农药研发人员对到底什么农药是好的，什么农药可以实用这样的基本问题也没有明确的答案，换句话说，农药研究并没有明确的方向。

米勒经过深思熟虑，决定在具体研发农药前，首先制定一个可实用农药的筛选标准，或者说指标，主要有 7 项：(1) 对农作物害虫来说是致命的；(2) 害虫致死时间短；(3) 对人类和哺乳动物以及植物毒性较小或完全无毒；(4) 最好能无色无味，刺激性小；(5) 杀灭害虫的种类尽可能广泛；(6) 化学性能稳定，杀灭害虫持续时间长；(7) 易于大规模工业生产，价格低廉。

按照这样的筛选标准，米勒经过几百次的实验研究，终于发现 DDT 的惊人杀虫效果，后来改进了生产方法，DDT 完全满足了米勒提出的新型农药的标准，瑞士奇吉公司于 1942 年正式投放市场①。

3. DDT 的特性

DDT 又叫滴滴涕或二二三，化学名为双对氯苯基三氯乙烷，是一种广谱高效的有机氯类杀虫剂。纯品是白色晶体，相对密度 1.55(25℃)，熔点 108～109℃，常温下稳定，在 195℃分解。工业品是白色粒状或含有油质的淡黄色大块。凝固点不低于 89℃。

DDT 的杀虫机理主要是能作用于昆虫神经细胞的钠离子通道，使它“只开不关”，从而无法正常传递电信号而导致机体死亡。但是对人类以及哺乳动物而言，DDT 不会导致其像昆虫一样被毒杀，也就是米勒当时提出的低毒性。

同样的，从现有证据看，DDT 对人类没有致癌作用。对小鼠、大鼠和狗的研究未显示有任何致畸作用，也没有致突变作用，总而言之，DDT 对哺乳动物而言应该是低毒性。

导致日后 DDT 被禁用的最根本原因正是作为米勒筛选标准优点的 DDT 的稳定性和持久性。

由于 DDT 不溶于水，在农田施用 DDT 后六个月里，在农田上空的空气里还可以检测到 DDT。同时，在远离人类居住地的南北极都检测到了 DDT。不管在施用

---

① 李宝惠、葛军：《滴滴涕(DDT)的故事》，《科学之友・上旬》，2000 年第 5 期。

DDT,还是远离农业区的非农业区,雨水中 DDT 的含量都在同一个数量级,表明 DDT 的扩散与分布非常稳定和持久。同样地,施用 DDT 的农田和未施用 DDT 的农田相比,DDT 的浓度也在同一数量级。

虽然 DDT 不溶于水,但是却非常容易在人类和动物的脂肪中聚集,而且更为严重的是,可以通过食物链向上传递,浓度越来越高。例如牡蛎能将体内 DDT 浓度提高到海水里的万倍以上,小鱼吃了牡蛎,大鱼吃了小鱼,鱼鹰吃了大鱼,通过这样的食物链,最后 DDT 在食物链顶端的动物体内浓度可达最初海水浓度的一千万倍以上,这就是生物放大效应[①]。

4. DDT 的影响

由于 20 世纪上半叶人类掌握的迅速、广谱、廉价消灭病虫害的手段非常有限,DDT 一经推出,立刻受到高度重视,瑞士政府在危机时刻大胆采用 DDT 消灭科罗拉多土豆甲虫,居然令人不可思议地拯救了当年的农业收成。

瑞士奇吉公司在推出 DDT 的同时已经把配方卖给了美国人。美国政府非常重视,组织大量人力物力在佛罗里达州奥兰多联合攻关,随后不久,美国辛辛那提盖基公司和杜邦公司完全掌握了 DDT 的生产工艺。

DDT 真正大显身手是在 1943 年的 10 月 1 日,以美国为首的盟军解放了意大利城市那不勒斯,由于纳粹德国撤退前破坏了这个城市的给排水系统,整个城市面临着伤寒大爆发的危险,这时美军紧急向美国政府求援,杜邦公司等化工企业生产出 60 吨 DDT,运往那不勒斯。

从 1944 年 1 月开始,美军通过喷洒 DDT 的方式,给那不勒斯的军营、城市街道,甚至 130 万军队士兵和普通市民普遍消毒,在 3 周内控制了伤寒的传播和扩散,这是人类历史上首次大规模地利用人类本身的技术战胜传染病的实例。

自此,美军专设了喷洒 DDT 的建制,在南太平洋热带海岛战场上,依靠 DDT,美军完全摆脱了疟疾和其他热带传染病的困扰。同时,在印度、缅甸和菲律宾等热带、亚热带战场上,甚至人群聚集的集中营里,都有大规模使用 DDT 的记录。

丘吉尔在 1944 年 9 月 28 日广播演讲中说:"杰出的滴滴涕粉经过充分检验并确认有神奇的效果。"

1948 年,米勒因 DDT 获得了诺贝尔生理学或医学奖。颁奖大会上,瑞典科学家费希尔的言辞充满了对 DDT 的夸耀:"……出人意料地、戏剧性地突发转机,DDT

---

① 李光、杨敏才:《DDT 杀虫剂兴衰的启示》,《科学·经济·社会》,1985 年第 1 期。

成为力挽狂澜的角色。”有好事的媒体则把 DDT、雷达、原子弹和青霉素列为二战催生的四大发明。

借着二战建立的良好声誉，DDT 开始被美国农民大规模用于多达 300 多种农作物病虫害的预防工作，由于美国地多人少，播洒农药往往依靠飞机大面积撒播，很多不需要农药的地方也全面覆盖了 DDT，仅在 1959 年，美国农民就使用了多达 3.6 万吨 DDT，相当于每个美国农民使用半磅[①]。

5. 化学农药对人类的贡献

二战以后，作为杀虫剂的 DDT 的推广，使人们看到潜藏在有机合成化合物中的杀虫潜力。过去的 20 世纪里，化学农药的发展不仅增进了人们对害虫治理的了解，也在有效控制害虫防治的方面作出贡献。

目前，在病虫草鼠的危害下，全球农作物的损失量占总量的 30%～40%，只有使用化学防治的质保措施，才能防止损失量的翻一番。具体来说，如果停止化学农药的使用，水果将减产 78%，蔬菜减产 54%，谷物减产 32%。

中国要依靠世界 7%的耕地养活占世界 22%的人口，只有通过农业现代化才能完成这个巨大的挑战，充分合理地使用化学农药是提高单位土地使用面积农作物产量的重要手段之一。据估算，我国每年使用的农药达 28 万吨(折算)，使用农药的农田面积达到 48 亿亩次。通过使用化学农药，我国每年挽回的粮食损失可达 4 800 万吨，棉花 180 万吨，蔬菜 5 800 万吨，水果 620 万吨，总价值在人民币 550 亿元左右。一般农药的投入产出比为 1∶4 左右，随着高效低毒农药的出现，投入产出比可高达 1∶10。

这里需要指出的是，中国是世界上名副其实的化学农药生产大国，年产农药达 337 万吨。有人据此说中国消耗了全世界最多的农药，人均使用量达到 2.59 公斤，引起了很多不明真相人群的关注和恐慌。实际上由于农药的特殊性，原药和农药试剂之间存在着差距，简单来说，一吨原药可以制成 2～4 吨试剂，也就是说，实际按 100%折算，中国的农药只有 30 多万吨，而其中有很多都出口美国、日本等发达国家。

一个有趣的现象是，虽然我国的化学农药使用量很大，可是无论是化学农药的使用总量还是亩均使用量，中国都不是最大的。例如欧洲农药使用量占 30.3%，北美洲占 21%，拉丁美洲占 20.3%，亚洲占 24.4%，非洲占 4.0%，从总量上看，美国至

---

① 魏峰、董元华：《DDT 引发的争论及启示》，《土壤》，2011 年第 5 期。

今还是最大的农药使用国，同时，日本是世界上单位土地面积使用农药最多的国家[①]。

当然，化学农药今后的发展方向是绿色化学农药，其特点就是超高效，药剂量少而见效快；高选择性，仅对特定有害生物起作用；无公害，无残留，对人类无毒或低毒，并且迅速降解[②]。

三、蕾切尔·卡逊和环保运动

1. 蕾切尔·卡逊

美国著名的海洋生物学家和科普作家蕾切尔·卡逊于1907年5月27日出生于美国宾夕法尼亚州匹兹堡市泉溪镇一个乡间农场。她母亲的言传身教使她养成了热爱自然的好习惯，蕾切尔·卡逊从小就和农场的牛马为伴，喜欢仔细观察农场里各种动物的生活习惯。同时也由于母亲的影响，蕾切尔·卡逊特别喜欢写作。

基于这样的爱好，上大学时，蕾切尔·卡逊选择了生物学，1929年她从宾夕法尼亚女子学院毕业，到伍兹霍尔海洋生物实验室学习，1932年在约翰·霍普金斯大学获得动物学硕士学位。

在求学期间，有两个学者的人与自然相处的思想对蕾切尔·卡逊产生了巨大的影响，一个是被誉为20世纪人道主义伟人的阿尔贝特·施韦泽，他提出了"敬畏生命"的伦理思想，认为善就是保存、促进和提升生命，而毁灭、伤害和阻碍生命则是恶。蕾切尔·卡逊非常推崇敬畏生命的思想，每次观察海洋标本后，都要将其放归大自然，从不轻易杀生。另一位对蕾切尔·卡逊产生巨大影响的是美国著名生态文学家和思想家奥尔多·利奥波德，他认为，人类的工业化进程第一次开始破坏大自然的多样性，从而对自然能量循环造成了超乎想象的影响。位于金字塔顶端的各种食肉动物被消灭，驯化的外来物种代替了野生物种，一些物种被当作有害物种被消灭。农业的发展、驯养业的发展不断透支土壤的存储，工业的发展污染了环境，发达的交通运输以非自然的方式进行能量运送，所有这些都导致了土地生态机能的紊乱。土地可以进行自我修复。但是这种过程非常缓慢，根本赶不上人类干预大自然的速度。反过来说，人类对自然界的改造活动越温和，能量金字塔内的调整就越可

① 纪明山：《农药在现代化农业中的作用》，《环境保护与循环经济》，2011年第3期。
② 刘建超、贺红武、冯新民：《化学农药的发展方向—绿色化学农药》，《农药》，2005年第1期。

能成功。这种整体主义生态观也深深影响了蕾切尔·卡逊。卡逊认为，自然界里没有任何孤立存在的东西，大自然是个有机整体。

大学毕业后，蕾切尔·卡逊一直没有找到正式工作，为了偿还大学学费，同时也为了养育去世姐姐的孩子，她不得不将爱好作为赚钱的手段，撰写了文章《水的世界》在《巴尔的摩太阳报》上刊登出来，这篇文章不仅体现了蕾切尔·卡逊优美的文笔，更重要的是通过对海洋鱼类的透彻了解，表达了她强烈的保护环境、保护自然的意识，也形成了蕾切尔·卡逊将科学的观察与具有文学特色的语言相结合的写作特点。

《水的世界》引起了美国渔业局局长埃尔默·希金斯的关注，他决定聘请蕾切尔·卡逊这样既具有海洋生物科学知识又擅长写作的人进行《水下的罗曼史》系列短文的创作。

1936 年 8 月 7 日，蕾切尔·卡逊正式以美国渔业局科技咨询部中等生物研究者的身份开展海洋生物的研究和写作工作。同年，在《大西洋月报》杂志的建议下，她对自己的《水的世界》一文进行了修改和补充，改名为《海底世界》重新发表，这篇文章给她带来了更多的机会。1942 年，蕾切尔·卡逊晋升为助理水生物学者，调往位于芝加哥的美国鱼类和野生生物调查署总部工作。

1952 年，蕾切尔·卡逊出版了《环绕我们的海洋》，该书一下子成为畅销书，被翻译成 32 种文字在世界各国出版，并于同年获得美国国家科学技术图书奖和伯洛兹自然科学图书奖。该书的成功使得蕾切尔·卡逊不仅仅是一位严谨的海洋生物学家，同时也是著名的畅销书作家。也就是在这一年，蕾切尔·卡逊摆脱了经济上的困扰，从工作了 15 年的政府机构辞职，专心于自己热爱的环境和生物保护事业，同时她的名声也使得她更易受公众的关注[①②③]。

2.《寂静的春天》的写作过程

在上文已经说过，由于 DDT 取得了巨大的成功，价格低廉，广谱性强（能消灭多种害虫），DDT 曾被如此普遍地使用，因此在普通老百姓心目中，这种人工合成化学品就是一种无害的家常必需品。正是因为有这样的错误认知，在此后多年间，千百万吨的 DDT 在全世界被大量、普遍地使用。

科学家们很快就开始担忧，重要原因是许多昆虫、蚊子对 DDT 产生了抗药性，

---

① 陈琳：《蕾切尔·卡逊：让这个春天不再寂静》，《环境》，2011 年第 9 期。

② 韩秀霜：《蕾切尔·卡逊对施韦泽和利奥波德生态伦理观的运用》，《理论月刊》，2013 年第 10 期。

③ 王胡：《现代环境运动之母蕾切尔·卡逊》，《环境保护与循环经济》，2009 年第 2 期。

药效一年不如一年；而且同时人们逐渐发现DDT存在的毒性问题，由于DDT性质的稳定，自然生态系统受到了威胁。

早在1945年7月15日，蕾切尔·卡逊就在给《读者文摘》编辑的短信中，对DDT的利弊提出了质疑。可是，这些环境污染现象在1945年几乎还没有显现出来，因此《读者文摘》对蕾切尔的建议不感兴趣并不奇怪，而蕾切尔也忙于其他写作，对DDT危害的思考和关注减少了。

到了1958年1月，波士顿的《先驱报》刊登了一位读者来信，读者哈金斯太太认为当地政府官员撒下了弥天大谎，他们说用飞机喷洒DDT完全无害，但是“整个夏天，每次我们走进花园，都仍然会遭到贪婪蚊子的袭击，它们一直活得好好的。但是蚱蜢、做客的蜜蜂和其他无害的昆虫都不见了”。同月12日，同一张报纸还刊登了博物学家亨特太太愤怒的控诉信，控诉政府1957年春在长岛喷洒杀虫剂(燃料油里混合DDT)以消灭飞蛾、毛毛虫和蚊子。

发生在1957年和1958年的事，使蕾切尔·卡逊的目光再次转到了DDT的滥用问题上。在1957年12月和1958年1月，她通过电话几次向有关政府机构询问，证实了大规模使用DDT等杀虫剂可导致滥用的事实，这促使她决定写有关滥用杀虫剂所致危险的文章和书。她说：“已经到了必须写一本书的时候，人类在地球上恣意妄为——我们在这条路上走得太远了。虽然人们已经对某些问题有所意识，但是有些观念还有待于澄清，各种事件有待于放在一起综合考虑。假设我不写这本书，我相信别人也会写。但我所了解的事实驱使我尽快指明这些问题，引起公众的注意。”她虽然想到她的书将会触动某些工业集团的利益，会让某些著名学者下不了台，但恐怕她真的没有想到，她的书出版后在得到如潮的称赞时，竟遭到狂风暴雨般的诋毁。

到1958年的秋天，蕾切尔·卡逊的调查工作进展得十分顺利。她说：“我必须用一些具体的重要事例来证明，喷洒杀虫剂的计划是毫无价值的，完全错误的。这比空喊叫有用得多。当然，必要时我也会大声呐喊。”

但蕾切尔·卡逊的个人生活这时候却接连遭到不幸，使写作计划陷于停顿。先是在1958年年底，她高龄的母亲撒手长逝。接着从1959年的初秋开始，她的鼻窦炎发作，她的养子罗格因为呼吸道感染也病倒在床。到1960年1月，她又受十二指肠溃疡的折磨，只能吃婴儿食品，到3月中旬，“最艰难的时期终于过去了，现在可以加速进行了”。可是，到3月底，她的左胸又发现几处囊肿，医生说起因于以前的乳腺肿瘤，需要手术治疗。4月4日手术以后，蕾切尔从医生那儿得知，她可能患的是癌症，但医生说“幸亏发现得早”，这给蕾切尔·卡逊一丝安慰，但到了 12 月份她终于得知最坏的情形出现了：肿瘤不仅是恶性，而且转移了，淋巴结已经发生病变。

蕾切尔·卡逊以惊人的平静接受了这一切，用任何词汇来形容她的勇气都不过分。她写道：“疗程（化疗）把写作能力和写作时间分割得支离破碎。但在治疗间歇我希望能够努力多写一些，提高效率。也许现在比以往任何时候我都更加渴望完成这本书。”

虽然她在事实上已卧病不起，但一直挣扎着，为完成这本书而拼搏着。这本书如同她的生命，向着未知的方向伸展。1962 年 6 月 16 日，《纽约客》开始连载《寂静的春天》，并立刻在全国引起轰动。全书于同年 9 月 27 日出版[①②③]。

3.《寂静的春天》的内容简介及生态思想

蕾切尔·卡逊首先是一位海洋生物学家，有着扎实的学术功底、严谨的科学态度。因此在《寂静的春天》里，蕾切尔·卡逊通过分析大量数据，科学地揭示了一系列触目惊心的环境污染问题，例如在第四章“地表水和地下水”中，她指出杀虫剂通过各种途径渗透到地表水和地下水体系中，造成水体污染以及各种化学物质在水中发生的化学反应加剧污染，甚至会使河中的鱼类染上致命疾病，对空中的鸟类也有危害，并且难以处理。在第五章“土壤的疆域”中，她提到了化学制剂残留在土壤中，使土壤中的细菌、真菌、螨类以及生物丧失孕育生命的能力，并且这些药物残留难以分解，会在土壤内存在很多年，被污染后的土壤无法种植农作物。特别是第十二章“人类的代价”中讲道，杀虫剂对人体健康的危害，多贮积在脂肪中，破坏肝、肾的功能，并使神经受损。

《寂静的春天》之所以能成为现代环保运动的肇始，最重要的就是其科学性，经得起科学的检验。为了寻找科学依据，蕾切尔·卡逊几乎查遍了她能找到的有关杀虫剂和环境方面的文献，《寂静的春天》光索引就达 55 页之多。同时蕾切尔·卡逊还与当时多达百余位的生物学家书信交流。蕾切尔·卡逊的很多结论，如土壤污染、水污染，都可悲地成为现代人类面临的主要环保问题。而她提出的 DDT 在食物链中的生物传递现象则直接导致了 DDT 等化学农药的被禁。

当然，如果仅仅是一部科学论著，或者科普读物，即便都是事实，可能也没有多少人愿意读那些枯燥无味的科学道理与干巴巴的数据。可是，蕾切尔·卡逊不仅具

① 薛钊：《写作、海洋以及那部太著名的〈寂静的春天〉——记海洋生物学家蕾切尔·卡逊》，《海洋世界》，2009 年第 12 期。
② 李继宏、杨建邺：《蕾切尔·卡逊和她的〈寂静的春天〉》，《自然杂志》，2007 年第 5 期。
③ 习习：《蕾切尔·卡逊：〈寂静的春天〉唤醒人类》，《环境教育》，2004 年第 2 期。

有海洋生物学家的眼光，还是一个畅销书作家，她善于用细腻的笔触描述吸引大众的关注。如第一章："曾经有一个小城镇，城镇周围有许多农场、繁茂的田地，生物在这里和谐共生。小路边生长着美丽的花花草草，这片郊野正因为各色的鸟儿而名声在外。人们在这里和谐地生活着。突然之间一种神秘的疾病席卷而来，牲畜倒下、人群死亡，这里被一种奇异的寂静所笼罩。"第八章"鸟儿不再歌唱：对树木喷药使得毒素进入鸟类体内"，第九章"死亡之河：对水生生物尤其是鱼类带来灾难性影响"。

《寂静的春天》首先体现了蕾切尔·卡逊一贯倡导的人与自然和谐相处的思想。这在当今社会看起来再平常不过的思想在 20 世纪 50—60 年代却是非常另类的。当时的社会由于二战后大力恢复经济建设，第三次科技革命科学与技术的结合，减轻了人类的体力劳动，极大地提高了生产效率，这些科技力量与人类中心主义观点一起，直接让人类产生了"征服大自然"的信心，到处充满了人定胜天的豪情壮志，人类的行为也越来越多地破坏了自然环境。蕾切尔·卡逊从小就热爱大自然，善待每一个小动物。她提出"自然孕育了多样的物种，但人们却执着于简化这一多样性"。按照生态伦理的观点，我们要尊重每个物种的生命与价值，维护其他物种在地球自然环境中生存和生活的权利。

《寂静的春天》其次体现了人与人之间和谐相处的关系。这包括两方面的内容，一方面是同时代人之间的关系。比如政府和商人推动有毒化学物品的生产和使用，他们获得了巨大的利益。但与此同时，广大的普通消费者不仅被他们剥夺了知情权，有时候还成为环境污染和破坏无辜的牺牲品。

另一方面还表达了当代人和子子孙孙的关系，即当代人在享受环境权利的同时，要保持环境的完整性，不能损害后代人的权利。越来越多的地方，春天来临时，却无鸟儿报春，它们给世界所带来的色彩、美丽与乐趣在逐渐被清除。事实上还有许多物种在逐渐消失。我们享有过五彩斑斓的春天，但我们的子孙后代呢？我们无法向孩子们说出鸟儿都被杀死了，更没有权利剥夺他们享受自然的权利。所有生物都依赖自然界生存，而我们不慎重考虑自然界完整性的这种行为，很可能不会被子孙后代原谅。要避免对环境的破坏，走上一条可持续发展道路，从而为子孙后代留下蓝天、绿地和碧水青山。①②③④

---

① 蕾切尔·卡森：《寂静的春天》，王晋华译，北京：中国画报出版社，2016 年。
② 郭佳：《〈寂静的春天〉中环境正义思想对建设中国生态文明的启示》，《低碳世界》，2017 年第 12 期。
③ 王程锦：《论〈寂静的春天〉中的生态哲学思想》，《青年与社会：下》，2014 年第 10 期。
④ 姚晓晖：《简论〈寂静的春天〉的生态环保思》，《闽南师范大学学报：哲学社会科学版》，2014 年第 1 期。

4.《寂静的春天》的影响力

《寂静的春天》问世后，立即引发巨大的反响，可是蕾切尔·卡逊最先得到的不是雷鸣般的掌声，而是狂风暴雨般的攻击和诋毁。第一个抵制行动是芝加哥威尔斯考公司发表声明，指责《寂静的春天》对他们的主要产品强力杀虫剂的描述有误。紧接着几本攻击和诋毁蕾切尔·卡逊的书出版了。其中有一本书名为《事实与幻想》，大段引用《寂静的春天》书中的原文，然后逐一批驳蕾切尔·卡逊所谓的“错误”；还有一家化学协会出了一本《荒凉的年头》(明显具有针锋相对的味道)，书中描述了一个恐怖的世界，这个世界之所以恐怖，正是因为禁用所有的杀虫剂。

杀虫剂生产贸易组织——美国全国农业化学品联合会不惜耗资 5 万美元来宣传卡逊的“错误”，以保护自己的经济利益。1962 年 7 月底，《纽约时报》发表文章，宣告化学工业界对蕾切尔的反击开始。该文的大标题是“《寂静的春天》现在成了‘吵闹的夏天’”，“蕾切尔·卡逊挑起冲突——制造商是哭泣的‘虫子’”。

《时代》周刊指责蕾切尔·卡逊“用煽情的文字”吓唬公众，并说她“头脑简单，错误透顶”，粗鲁地攻击蕾切尔是一个“不公正、片面、歇斯底里的偏执狂，很多令人恐慌的结论显然荒谬。蕾切尔·卡逊女士‘在任何地方的水体中加入杀虫剂就不可能不影响水的纯度’的说法，立刻就可以被证明完全是废话”。

《读者文摘》原来准备刊登《寂静的春天》的摘要，但后来见势头不妙，改登了《时代》周刊那篇反对《寂静的春天》的摘要。

还有更令人惊讶的人身攻击。农业部前部长艾兹拉·本森在写给总统艾森豪威尔的信中放肆地写道：“为什么这个没有结婚的老处女会如此关心遗传基因的问题?”

真正的转折点很快就到来了，在美国民众的压力之下，1963 年 1 月，当时的美国总统肯尼迪不得不委托美国总统科技顾问委员会调查此事。经过全面调查，科技顾问委员会提交了一份有关农药的工作报告《杀虫剂的使用》。这个报告严肃地批评了工业界和联邦政府有关机构的做法，特别是农业部和食物与药品管理局。报告承认《寂静的春天》所发挥的作用：公众文献和听证会成员的经验表明，在蕾切尔·卡逊的《寂静的春天》出版之前，人们普遍不了解杀虫剂的危害性，政府应该以某种方式把这个信息传达给公众，使他们认识杀虫剂价值的同时了解其危害。

到 1963 年，《寂静的春天》已经被译成了法语、德语、意大利语、瑞典语、挪威语、芬兰语、荷兰语、西班牙语、巴西语、日语，在全世界传播，为各国以后的立法奠定了基础。

蕾切尔·卡逊于 1964 年逝世，6 年后，世界上第一个国家环保机构美国环保署成立；1972年，DDT被新成立的美国环保署禁用；1973年，联合国环境规划署成立。

在《寂静的春天》中文版再版的前言中，美国前副总统戈尔写道：《寂静的春天》播下了新行动主义的种子，并且已经深深植根于广大人民群众中。她的声音永远不会寂静。她惊醒的不只是我们国家，甚至是整个世界。①②

四、疟疾及治疗

1. 疟疾

疟疾这种传染病的历史几乎与人类历史一样悠久，同时也被公认为来自人类发源地非洲，然后传遍了全世界有人居住的地方。

疟疾是最早被人类记载的疾病之一。在古希腊，疟疾被称为“沼泽的热病”；公元前1世纪，疟疾曾在罗马地区长时间流行，使得人们的身体虚弱，土地抛荒，国力衰退。在中国，殷商时代就有了疟疾流行的记载，甲骨文就有“疟”字。《汉书·严助传》称“南方暑湿，近夏瘅热，暴露水居，蝮蛇蠚生，疾疠多作，兵未血刃而病死者什二三”。东汉初征伐交趾，《后汉书·马援传》称“军吏经瘴疫死者十四五”。《后汉书·南蛮传》称“南州温暑，加有瘴气，至死者十必四五”。

2. 人类与疟疾的斗争

(1) 疟疾有效药的发明

虽然疟疾的历史非常悠久，但是人类真正掌握治疗疟疾的第一种有效药物却已经到了17世纪。

在17世纪早期，驻秘鲁的耶稣会传教士注意到当地土著居民常用一种叫作金鸡纳的树皮磨成的粉末退烧。金鸡纳在当地语言中意为“树皮”。恰好西班牙驻秘鲁总督的夫人刚到利马就感染疟疾，耶稣会传教士将这种树皮推荐给总督夫人，竟然使其免于一死。为了纪念这一发现，1742年，瑞典植物学家林耐将这种南美奇树命名为金鸡纳。

金鸡纳树皮这种治疗方法起初主要在耶稣会内部传播，后来很快在天主教世界流行起来。金鸡纳树皮被当时的欧洲人称为“耶稣会树皮”“秘鲁树皮”。1693年，传教士曾用金鸡纳霜治愈康熙皇帝的疟疾。“金鸡纳”这个怪里怪气的译名大概出自当时到中国传教的耶稣会会士之手。

---

① 窦媛媛：《〈寂静的春天〉：世界环保事业的开端》，《今日科苑》，2017年第4期。
② 汪晓辰、刘丹鹤：《〈寂静的春天〉对公众理解科学的影响》，《科技视界》，2017年第12期。

1820 年，法国化学家白里悌与卡文图从金鸡纳树皮中分离出奎宁和辛可宁二种生物碱。1854 年，植物学家哈斯卡尔把秘鲁和玻利维亚的金鸡纳种子移植至印度尼西亚，并大规模种植，奎宁开始被大量使用，全世界所需的奎宁 97%产自印度尼西亚。尽管奎宁可造成耳鸣、视觉障碍、头痛等毒副作用，但直到氯喹等合成药物应用前，奎宁一直是世界上治疗疟疾的特效药。

直到 1944 年，奎宁的全合成才在 1965 年诺贝尔化学奖得主罗伯特·伍德沃德手中完成，这也是伍德沃德完成的第一个复杂的全合成。但奎宁全合成的效率始终不高，直至今日，从金鸡纳树皮中提取奎宁仍然是主流生产工艺。

1914 年第一次世界大战期间，德国的奎宁来源被切断，迫使德国人不得不寻找奎宁的替代物。拜耳制药公司承担了抗疟药的化学合成，从 1932 年开始合成了阿的平、扑疟母星等一系列药物，包括 1934 年合成的氯喹，但当时未经认真实验，即认为氯喹毒性太大而未加重视。

第二次世界大战期间，印度尼西亚被日军占领，很多国家的奎宁来源断绝，急需替代药物。1944 年美国的两位年轻化学家伍德沃德和德林合成了氯喹，事后得知此前已由德国人合成。后又开发出伯氨喹，这些合成药物因疗效好于奎宁，作用持久，副作用小，且价格低廉、使用方便，很快在治疗疟疾方面扮演了重要角色，成为二战以来主要的抗疟药。

英国帝国化学工业有限公司（Imperial Chemical Industries）也开发出氯胍、乙胺嘧啶等治疗和预防疟疾的药物，至今仍是世界卫生组织所列抗疟的基本药物。

(2) 疟疾传播路径的发现

比疟疾特效药更迟发现的是疟疾的传播路径。尽管古代人类就把疟疾和沼泽、湿热联系起来了，但这只是猜测，没有任何的科学依据。

1880 年，法国军医夏尔·拉韦朗在阿尔及尔法军军营的帐篷里，从被疟疾感染的法军士兵的血液样本中发现了一种微小的原生动物，他确信不是人传染给人的，但是具体的路径还是没有搞清楚。

英国的罗斯从 1892 年开始研究疟疾，1894 年在伦敦结识了英国热带医学先驱曼森。曼森向罗斯介绍了拉韦朗在 1880 年发现的疟原虫标本。1895 年，罗斯在印度研究疟疾的传播媒介，他将孵化的库蚊和伊蚊放在疟疾病人身上吸血，然后在镜下观察，均以阴性结果告终。1897 年 8 月 22 日，罗斯又用按蚊在疟疾病人身上吸血后，经过饲养、解剖，在按蚊胃腔和胃壁中发现了疟原虫。1898 年，罗斯在患疟疾的鸟类血液中发现了类似的着色胞囊，在蚊子的唾液中观察到鸟类疟原虫。被称为

“热带医学之父”的曼森则进一步证实了疟疾的确由按蚊传播。其后，意大利格拉希(Grassi)等对疟原虫生活史进行详细研究。疟疾传播途径和疟原虫生活史的研究为疟疾的防治创造了条件。

罗斯由于在探明疟疾病因上的贡献，荣获1902年诺贝尔生理学或医学奖。1907年拉韦朗因发现原生动物也是造成疾病的凶手，获得了诺贝尔生理学或医学奖[①]。

(3) DDT有效切断了疟疾的传播途径

疟疾的传染机制一旦明了，人们自然意识到：要控制疟疾就要消灭蚊子。一个经典的例子是巴拿马运河工程。这项工程本由法国人发起。由于疟疾和黄热病，上万建筑工人丧生于工地，工期一再延误，1889年，法国人的巴拿马运河公司在耗费了20亿法郎后宣布破产。美国总统西奥多·罗斯福意识到了巴拿马运河对美国的战略意义，决定接手这项工程。1904年复工后首要任务就是派遣昆虫学家、传染病学家指导灭蚊工作。10年后巴拿马运河通航。用罗斯福的话来说，“巴拿马运河是用显微镜挖出来的”。

南非、印度、斯里兰卡等饱受疟疾折磨的国家开始纷纷采用DDT杀灭传播疟疾的蚊子，效果非常明显。其中斯里兰卡的疟疾患者从1947年的300万例减少到1956年的7 300例，该国的人口平均寿命从40岁增加到57岁。印度从年发病7 500万例减少到10万例。

在此基础上，意大利在洛克菲勒基金会的帮助下，于1946年开始在撒丁岛开展消灭疟疾的5年行动项目，重点是灭蚊运动。在1947年时撒丁岛有75 000例疟疾病例，到了1951年项目结束，撒丁岛的疟疾病例只有9例。

与此同时，美国开展了全国灭蚊行动，主要是在室内喷洒DDT，5年后疟疾在美国绝迹。其实在此之前，由于环境和卫生的改善，疟疾在美国的传播途径已经被切断了，疟疾的消失指日可待，但功劳被完全归功于DDT。

就在这个时候，生态学家开始提出警告，认为这样会导致生态灾难，耐DDT昆虫包括蚊子也相继被发现，但世界卫生组织和疟疾学家们依旧相信很快就能够彻底消灭疟疾。1958年美国政府为全球5年灭疟疾项目拨款，项目开展得很顺利，1960年，有十几个国家消灭了疟疾。

DDT在全球抗疟疾运动中起了很大的作用。用氯奎治疗传染源，以伯胺奎宁等药作预防，再加上喷洒DDT灭蚊，一度使全球疟疾的发病得到了有效的控制。全

① 张齐、甄橙：《对抗疟疾——四次诺奖的荣耀》，《中国卫生人才》，2017年第2期。

球曾有 3 亿多人受到疟疾侵害，每年有超过 100 多万死者，DDT 的出现则有效遏制疟疾传播，并根除了欧洲与北美的疟疾病症。

人们普遍认为，假以时日，治疗疟疾和其他热带病的药物渐渐退出市场，一度非常热门的疟疾专业将没人学了，疟疾学家纷纷转业，人们开玩笑地说，在灭绝疟疾之前，疟疾专家先被 DDT 灭绝了。

蕾切尔·卡逊于 1962 年出版的畅销书《寂静的春天》，讲述了生态破坏，其中包括 DDT，引起了公众的注意。卡逊在书中做出了准确的预言，即便继续灭蚊，也无法达到消灭疟疾和黄热病的目的，因为蚊子会产生抗药性。后来试验证明，花 7 年时间，就能产生出具有抗药性的蚊子，不仅对 DDT，对于其他杀虫剂也一样。《寂静的春天》如一石激起千重浪，彻底粉碎了因为 DDT 而出现的科学迷信，让人们重新意识到人与自然之间的平衡的重要性，意识到环境保护的重要性。

DDT 的半衰期超过 30 年，在环境中长期存在，造成严重的污染，它不分青红皂白地把所有的昆虫都杀死，导致了一场生态灾难。蚊子对 DDT 很快产生了抗药性，使得 DDT 不再有那样大的效果。当然，全球灭疟疾行动还是很有成绩的，救活了无数人的生命。1970 年，WHO 终于承认了耐药性的问题，1973 年建议各国换用其他药物。美国则在这一年禁用 DDT。中国于 1983 年禁用 DDT。

1963 年后，美国国会不再为全球灭蚊行动拨款，世界卫生组织和其他国际组织马上成了穷光蛋，然后就是疟疾病例回升。斯里兰卡在 1963 年只有 18 例疟疾，6 年后超过 50 万例，同一时段，印度的疟疾病例从 5 万上升到 100 万，中美洲从 7 万变成 12 万，阿富汗从 2 300 变成 2 万。1963 年是全球年疟疾病例的历史最低点，从 3.5 亿下降到 1 亿例。这是西方环境保护浪潮的开端，也是传染病学历史上最大的一次挫败。①②③

（4）青蒿素：疟疾治疗的另一条路

然而，令人忧心的是，疟原虫对最常用的氯喹也产生了抗药性，尤其是非洲和东南亚等重灾区，抗氯喹的恶性疟疾面临无药可治的境地。刚显现的消灭疟疾之曙光，很快被死灰复燃的疟疾浇灭。

1964 年，越南战争爆发，当时越南军队常出没于山间丛林地区。而这一地区恶性疟疾流行猖獗，且对奎宁及奎诺酮类抗疟药物如氯喹等普遍出现了耐药性，平民

---

① 李宝惠、葛军：《滴滴涕(DDT)的故事》，《科学之友》，2000 年第 5 期。

② 李光、杨敏才：《DDT 杀虫剂兴衰的启示》，《科学·经济·社会》，1985 年第 1 期。

③ 魏峰、董元华：《DDT 引发的争论及启示》，《土壤》，2011 年第 5 期。

与军人的患病人数猛增，越南政府请求支援。中国政府于1967年5月23日在北京成立5·23抗疟计划办公室，统一领导“5·23抗疟计划”的实施。

该任务中的“中医中药专业组”，北京中药所指定化学研究室的屠呦呦担任组长。当时的基本思路是采取民间验方，然后用有机溶剂分离药用部位并进行相应的药理筛选和临床验证，研究人员整理了多达808种可能的中药。据称他们开始并未考虑使用青蒿，因为它的抑制率极不稳定，只有12%～80%，直至屠呦呦看到东晋葛洪《肘后备急方》中将青蒿“绞汁”用药，从而得到启发，认为有效成分可能在亲脂部分，改用乙醚提取。1971年10月，青蒿的动物效价由30%～40%提高到95%。1971年12月下旬，用乙醚提取物与中性部分分别对感染伯氏疟原虫小鼠以及感染猴疟原虫猴的疟原虫血症显示100%的疗效。1972年初抗疟有效单体从中药青蒿中分离得到，当时的代号为“结晶Ⅱ”，后改名为“青蒿Ⅱ”，最后定名为“青蒿素”。

由于计划时间进度紧张，为了尽早应用于临床，1972年5月，计划部分相关研究人员（包括屠呦呦）用自身进行人体试验并获得通过，8月在海南部分地区进行临床试验，在选试的21例疟疾患者中，感染恶性疟或间日疟（subtertian ortertian malaria）者各占半数。经青蒿素治疗后，患者的发热症状可迅速消失，血中疟原虫的数目锐减；而接受氯喹的对照组患者则无效（个别数据存在争议，也有个别参与人员回忆年份为1973年）。

1977年和1979年，青蒿素的研究成果分别在中国《科学通报》与《化学学报》上发表，1979年青蒿素的新分子及其报告被美国权威的《化学文摘》收录。

1981年10月，世界卫生组织主办的第四届疟疾化疗研讨会在北京召开，屠呦呦就《青蒿素的化学研究》一题作首位发言，引起与会代表极大的兴趣，并认为“这一新的发现更重要的意义在于将为进一步设计合成新药指出方向”。在这次报告中，屠呦呦提出应研发复方青蒿素以防止和延缓抗药性出现的设想，但并未受到国际同行的重视，中国开始自行研发复方药物，开发出复方蒿甲醚等系列复方药。

2005年，权威医学刊物《柳叶刀》发表文章，指出研究发现使用单方青蒿素的地区疟原虫对青蒿素敏感度下降，这意味着疟原虫有开始出现抗药性的可能。世界卫生组织开始全面禁止使用单方青蒿素，改用青蒿素的联合疗法，并推荐多种联合治疗，即每种方案包括青蒿素类化合物，配以另一种化学药物。这说明当年中国科学家的预见是对的。

1986年，青蒿素和双氢青蒿素获一类新药证书，1992年获得“全国十大科技成就奖”，1997年获得“新中国十大卫生成就”之一称号。

2000年青蒿素被推广后，由于复合青蒿素比氯喹贵十倍到二十倍，许多贫穷国家无法负担得起。国际组织如联合国儿童基金会和全球基金也因此继续分发氯喹，1999年到2004年之间，95%得疟疾的非洲儿童得到的是氯喹，在绝大多数情况下只起到退烧的作用。这种情况直到2004年才开始改变。

可是复合青蒿素的应用还是很不理想，国际组织给非洲国家购买复合青蒿素的专款只有不到一半用在购买药品上，其余被非洲各国政府挪为他用。而市场上的青蒿素大多是没有经过标准化生产的药品，甚至有很多假药。在亚洲，假药起码占三分之一。另一方面，病人服药大多没有服满一疗程，给了疟原虫变异的机会。

就在国际组织终于花大钱为贫穷国家购买复合青蒿素时，在实验动物身上已经发现疟原虫出现针对青蒿素的基因变异，到2007年，复合青蒿素已经对30%的疟疾病例无效。在柬埔寨进行的严格的大规模使用青蒿素治疗疟疾的临床试验中，虽然非常有效，但始终不能彻底消灭疟原虫，总有极少数疟原虫顽强地存在着。各种迹象表明，和其他抗疟疾药一样，耐青蒿素的疟原虫已经出现了，复合青蒿素疗法很可能已经是又一个过去时了。其在抗疟史上的地位无法和奎宁相比，只能和氯喹等同。

在非洲，由屠呦呦主持研发的新一代抗疟药——双氢青蒿素（商品名"科泰斯"），被誉为当代"神药"。有人甚至将自己刚出生的孩子起名为"科泰斯"。这次疫情主要的受害者是生活在第三世界的穷人，而今天的发达国家已经没有殖民时代那种动力去研发抗疟疾的新药了。传统的药物，如奎宁和氯奎宁，经过几个世纪的使用已经使疟原虫产生了抗药性。青蒿素高效、廉价，正是撒哈拉以南非洲急需的救命药物。

2011年，中国药理学家屠呦呦因为对抗疟疾特效药物青蒿素的关键贡献获得拉斯科奖。2015年，诺贝尔奖颁给屠呦呦、大村智和威廉·坎贝尔三位传染病药物学家。

每年全球的疟疾病例在3亿到5亿例之间，死亡人数在100万到200万之间，主要是非洲的儿童。在这个地球上，每一百个人每年至少有5个人得疟疾，无论在感染人数和还是在人口比例上，毫无疑问，疟疾是排名第一的传染病。人类和疟疾的战争似乎又回到了起点。[①②]

---

① 刘霁堂、凌子平：《青蒿素发明的历史追踪及启示》，《新中医》，2018年第3期。
② 冯翔慧：《屠呦呦：铸就青蒿素抗疟传奇》，《中国科技产业》，2017年第2期。

3. DDT 的争议

DDT 预防疟疾的独特效用是人们一直争论的焦点和核心。从发明以来的 20 年中，DDT 曾从疟疾猖獗中挽救了 5 亿生命，禁止 DDT 后，已被遏制的疟疾卷土重来，导致每年至少 100 万人死亡并造成贫穷国家经济崩溃。联合国多位抗疟专家愤而辞职。

《侏罗纪公园》作者克莱顿说，“禁止 DDT 也许是 20 世纪最大的悲剧”，“杀人比希特勒还多”。甚至有批评指出，“环境主义者”存心“借蚊杀人”，阻止第三世界人口增长。1999 年 3 月 29 日，包括 3 位诺贝尔奖获得者在内的 371 位著名疟疾专家、医生联名发表公开信，指出禁止 DDT 是“西方富裕国家的诉求”，“撒哈拉沙漠以南地区因疟疾造成的‘寿命损失年’比全世界癌症患者总和还多 70%”，呼吁尽快请回 DDT 担当抗疟大任。

2006 年 9 月，联合国世界卫生组织一改 30 年来对 DDT 的否决态度，转而宣称室内喷洒 DDT 灭蚊和驱蚊是防范疟疾的主要手段。DDT 并没有摘掉“黑十二类”的帽子，但妖魔化的形象毕竟得到了改善。但是，非洲国家却必须顾忌 DDT 的使用会面临西方经济援助减少和贸易制裁增加。力主全面禁止 DDT 的世界野生动物基金会在徽标上写着，“为子孙留下一个充满生机的地球”。非洲抗疟组织的口号则是“从疟疾中拯救孩子”，如果政策错误，将使“千百万孩子不能活着看到地球”。世界卫生组织官员柯奇在回答对重启 DDT 的质问时说：“请像拯救环境一样拯救非洲婴儿。”时至今日，“环保主义者”在和“人道主义者”的角力中，显然并没有占据科学优势和道德高地。①②

4. DDT 的低调回归

在 20 世纪 60 年代采用 DDT 根治疟疾的全球行动的一个问题是，疟疾的故乡非洲并没有包括在这项全球计划内。非洲和一些拉美国家，地处赤道附近，天气潮热，非常适合蚊蝇繁殖，加上这些国家长期贫穷，卫生条件很差，蚊蝇传播疾病是重大安全威胁。

世界疟疾基金会(MFI)发表的关于疟疾概况的最新官方数据《世界疟疾现状》中称，2006 年，全球大概有 24.7 亿人感染疟疾，33 亿人受到疟疾威胁，其中 86%的病患集中在非洲国家，其余病患集中在印度、苏丹、孟加拉国等亚洲国家。

“我亲眼看到过非洲的贫穷，他们的卫生条件、财力物力和科研水平，不可能让

---

① 王振宇：《美国强力支持使用 DDT》，《农药研究与应用》，2006 年第 3 期。

② 《世界卫生组织：疟疾高发区可重新使用 DDT 杀灭蚊虫》，《科技致富向导》，2006 年第 11 期。

他们找到比 DDT 更适合对抗疟疾的药物。2005 年在非洲召开的 POPs 缔约方大会上，我曾看到有来自疟疾疫区的人民打着横幅：'请允许我们继续使用 DDT'。"曾任国家环保总局 POPs 国家履约政策咨询个人专家、北京大学环境科学与工程学院副教授刘建国这样说道，"我们都期望无毒的环境，但是在 DDT 使用的问题上，是救命要紧，还是环境污染要紧？这的确是一个艰难的抉择。"

事实上，目前非洲大多数的国家仍在使用 DDT，相较而言，DDT 是对付疟疾最经济、最有疗效的一种药剂。

从 DDT 到青蒿素的演变过程中，人们认真地总结人类认识的宝贵经验，人的认识与实践检验密不可分、相伴而行。实践作为检验真理的唯一标准，认识的片面性也易受到实践的历史性和相对性等因素的影响。真理的获取要通过数次认识过程，检验的完成也要通过数次实践过程，新实践持续推动新认识的发展。

人们更加友好地对待环境以及对待自我，人与自然和谐相处，或许才是我们的应有之道。

第三章 绿色农药：生态与粮食安全

本章问题

1. 绿色农药是未来农药发展趋势，什么是绿色农药？

2. 农药在保护作物健康、工业和医疗公共卫生中有着重要的作用，农药的不合理使用会带来哪些负面影响呢？

3. 我国绿色农药的发展状况及成就是什么？

4. 我国绿色农药有什么新政策和未来发展的新趋势？

环境、人口、粮食是21世纪持续发展所面临的三个重大问题，其中人口增长与粮食短缺之间的矛盾尤为突出。目前，全球可用耕地面积仅为18.29亿公顷，且由于自然和人为因素，这一数值还在逐年下降。在耕地面积减少的同时，全球人口数量却在不断地增长。联合国的一项人口预测显示：世界人口将在2050年超过90亿，届时的食物需求将会是目前粮食产量的一倍以上。粮食危机已成为当今世界面临的重大挑战，人口的持续增长、食品结构的改变、种植面积及种植结构的变化、可再生的生物质能源、农作物的栽培面积不断扩大，以及水源、自然灾害、沙漠化、全球气候变化异常等因素，导致粮食供应日趋紧张，因此如何提高耕地单位面积的产能已经成为国家、政府以及科学家们亟待解决的问题。

在粮食生产过程中，病害、虫害、杂草和其他有害生物是影响农作物生产，降低粮食产量和品质的主要因素。据联合国粮食及农业组织（Food and Agriculture Organization of the United Nations，FAO）估计，这些农业有害生物所引起的农产品损失约为世界农业生产量的三分之一，其中虫害所引起的损失占12.3%，病害所引起的损失占11.8%，草害所引起的损失占9.7%。故控制病害、虫害、杂草和其他有害生物的发生发展是提高粮食产量和质量的关键，而农药正是实现这一目标的重要“武器”。

环境友好的绿色农药是确保农业生产的关键之一，也是全面建成小康社会需要解决的重大科学技术问题。绿色农药对解决粮食危机，确保农业稳产丰产，保障粮食安全的核心战略性生产资料，对防病治虫、促进粮食和农业稳产高产至关重要。

一、绿色农药概念及其重要性

农药广义上是指用于预防、消灭或者控制危害农业、林业的病、虫、草和其他有害生物以及有目的地调节、控制、影响植物和有害生物代谢、生长、发育、繁殖过程的化学合成或者来源于生物、其他天然产物及应用生物技术产生的一种物质或者几种物质的混合物及其制剂，狭义上是指在农业生产中，为保障、促进植物和农作物的成长，所施用的杀虫、杀菌、杀灭有害动物(或杂草)的一类药物统称。农药种类繁多，常用的主要包括杀虫剂、除草剂和杀菌剂等。

然而随着气候变化、种植结构的改变、外来物种的入侵、农药残留毒性、抗性频发、次要害虫大发生、环境污染和生态平衡破坏等一系列问题，限制了害虫防治的用药选择性，对杀虫和杀线虫剂的应用理论和技术提出了新的挑战。人类对生态环境的日益关注、农药管理工作的加强以及新技术的发展，使杀虫剂的战略目标转向高活性、易降解、低残留及对非靶标生物和环境友好的方向。世界上主要的农药研发机构以及公司正在反思，试图建立更有效、更经济、更快捷的新药研发途径，大力发展防治害虫、线虫的绿色农药技术。

绿色农药以绿色化学和绿色化学技术为理论依据和指导原则，是指对病虫草害高效，而对人畜、害虫天敌、农作物安全，在环境中易分解，在农作物中低残留或无残留的农药。绿色农药具有以下特点：有害生物活性高，单位面积使用量小；选择性高，对非靶标生物无毒或毒性极小，对农作物无药害；低残留，使用后在农作物体内外、农产品及土壤、大气、水体等环境中无残留或可在短期内降解成无害物质；清洁生产工艺，生产中不使用对人类健康和环境有毒有害的物质。

目前绿色农药研究主要包含：生物农药和绿色化学农药。生物农药是指应用生物活体及其代谢产物制成的防治作物病害、虫害、杂草的制剂，也包括保护生物活体的保护剂、辅助剂和增效剂，以及模拟某些杀虫毒素和抗生素的人工合成的制剂。主要有：植物源农药，主要是植物体内的活性杀虫成分，如烟碱、苦参碱、苦皮藤、鱼藤酮等；微生物农药，是指能够用来杀虫、灭菌及调节植物生长的微生物活体及其代谢产物等，包括细菌、真菌、病毒三大类，如苏云金杆菌(简称 Bt)、日本金龟子芽孢杆菌和缓死芽孢杆菌；动物源农药主要是指利用动物体的代谢物或其体内所含有的具有特殊功能的生物活性物质，如昆虫所产生的各种内、外激素，转基因作物和基因工程农药等；转基因技术把 DNA 重组技术应用于农药的研究中，培育和种植具有防病、防虫作用的转基因作物，研制出具有高效杀虫作用的基因工程农药。绿色化学农药是未来农药的重要发展方向，重点方向是基于天然源活性成分的改造、新剂型开发以及绿色合成工艺技术。部分植物（已知有 400 多种）中含有天然抗拒昆虫的物质，如除虫菊酯、印楝素等，基于其进行活性结构改造和合成，得到高效、低毒、无污染的绿色化学农药；新剂型开发，主要是水基化、超微化、无尘化和控制释放剂型的研究和开发；绿色的合成工艺，采用有声化学合成技术、微波化学合成技术和水相有机合成等绿色合成技术生产农药，提高原子经济性，降低污染。

在当今农业生产的收获品中，1/3 左右是依靠农药从病虫草害夺回，因此除了依靠转基因技术、品种改良、栽培技术提高、水源保证以及使用农机、化肥等措施以外，使用农药这一不可或缺的生产资料来防治病虫草害的肆虐，是提高农作物单位面积产量，解决日益增多的人口粮食供应问题的一个十分重要的环节。世界需要粮食，粮食来自农业生产，农业生产离不开农药。如果弃用农药，粮食产量损失将会达到 40%，全球将会有十几亿人挨饿。历史上曾发生过无药可用的悲剧，如 18 世纪爱尔兰大饥荒，造成饥荒的主要因素是一种称为晚疫病菌的卵菌造成马铃薯腐烂，大约有百万人饿死，150 万人迁徙北美，可见农药在作物产量和经济社会稳定中的重要性。

农药除了在农业领域保护作物健康中发挥重要作用外，在工业和医疗公共卫生中也有着重要的用途，如在工业防霉、公共健康、住宅用药、草坪防护、林业管理、季节用药以及木材防腐等方面应用广泛。其中杀虫剂 DDT 和阿维菌素由于其在医药卫生中防治蚊虫、减少疟疾发生上发挥了重要作用，其发现者分别于 1948 年和 2015 年获得诺贝尔生理学或医学奖，由此可见农药在人类生活中的重要作用。

在中国，如果不使用农药，大约将损失 30%～40%的粮食，如果连续三年不使用农药，农作物将绝收。我国每年重大病虫害发生面积为 4.0 亿～4.3 亿公顷，防治面积 4.2 亿～5.0 亿公顷。通过使用农药挽回粮食损失 5 800 万吨、棉花 150 万吨、油料 230 万吨、蔬菜 5 000 万吨、水果 600 万吨。面向粮食安全与食品安全、生态保护以及建立环境友好农药工业等领域的重大需求，绿色农药关系到绿色中国发展、工农业的进步、环境生态的可持续发展、人民健康及社会稳定。

二、农药的负面影响

农药在确保粮食安全、食品质量、公共健康安全、经济发展和人们生活舒适等方面作用重大，但由于农药使用量较大，加之施药方法不够科学，带来残留、环境污染、有益生物毒性、作物药害和非法使用等一系列问题。这些问题归根结底是由于农药的毒性、代谢等性质不合理造成的。2013 年，中国社科院《农村绿皮书》报道，我国农药需求量中约 65%～70%作为污染物最终被排入环境中，由此引发的生态问题亟待解决。同年，党的十八届三中全会明确提出“生态文明”，又把生态上升到了文明高度。例如传统农药高毒低效，农药可以通过口服、皮肤接触或呼吸道进入体内，对生理机能或器官的正常活动产生不良影响，使人或动物中毒以致死亡。绿色化学农药低毒高效，选择高效绿色农药是降低或避免毒性伤害的关键，是建设生态文明中的重要一环。

农药残留(Pesticide residues)，是农药使用后一个时期内没有被分解而残留于生物体、收获物、土壤、水体、大气中的微量农药。施用于作物上的农药，其中一部分附着于作物上，一部分散落在土壤、大气和水等环境中，环境残存的农药中的一部分又会被植物吸收。残留农药直接通过植物果实或水、大气到达人畜体内，或通过环境、食物链最终传递给人畜。主要有：(1) 加工和储运中残留。食品在加工、储藏和运输中，使用被农药污染的容器、运输工具，或者与农药混放、混装均可造成农药污染。(2) 意外残留。1972 年伊拉克爆发了甲基汞中毒，造成 6 530 人中毒住院，459 人死亡，其发生原因是食入了曾用有机汞农药处理过的小麦种子磨成面粉而制成的面包。(3) 非农用杀虫剂残留。各种驱虫剂、灭蚊剂和杀蟑螂剂逐渐进入食品厂、医院、家庭、公共场所，使人类食品受农药污染的机会增多、范围不断扩大。

农药残留最为严重、影响最大的是 DDT 的残留。DDT 在杀死和控制人们束手无策的害虫和人类疾病方面是功不可没的，但有人把它当作万能的神药而滥用。任何一种东西一旦滥用或泛用都会造成负面影响。高残留农药 DDT 在环境中非常难降解，经过从水到浮游生物，到小鱼，到大鱼，到鸟类，DDT 的生物富集可以达到 800 万倍，并可在动物脂肪内蓄积。DDT 在土壤中持久性达 4 年，能在生物体内较长时间并富集，对人体健康和生态环境都有不利影响。随着 DDT 更为广泛的应用，它对环境的污染也日益凸显出来。早在 1960 年，美国加利福尼亚州的图利湖和下克拉马斯保护区发生食鱼性鸟类大量死亡，检查发现小鹈鹕体内脂肪中的 DDT 的含量比湖水中含量高 77 万倍。甚至在南极企鹅的血液中也检测出 DDT，鸟类体内含 DDT 会导致产软壳蛋而不能孵化，尤其是处于食物链顶级的食肉鸟，如：美国国鸟白头海雕几乎因此而灭绝。鉴于 DDT 的严重残留所带来的环境污染，人们不得不忍痛割爱，宣布停止生产和使用DDT，中国于1983年禁用DDT。

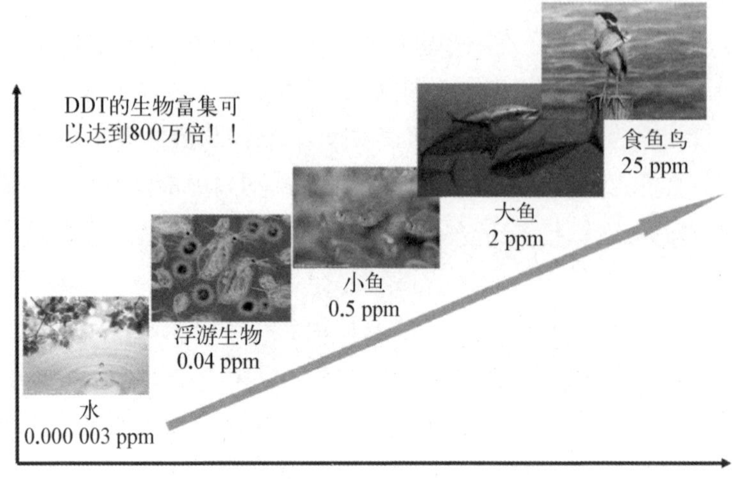

图 3.1 DDT在生物体内的富集

自从人类大量使用化学农药以后，各种农副产品（如蔬菜瓜果、畜禽鱼奶蛋类）的农药残留问题越来越突出，对人体健康带来了直接或间接的危害，农药残留来源主要有以下三个：使用农药对作物的直接污染、作物从污染环境中对农药的吸收、食物链的作用下农药在生物体内聚集。

研究指出，在常见的水果蔬菜中，基本都有农药残留，有些农药残留种类多达几十种，例如辣椒中农药的残留种类多达49种，且约有10%的样本农药残留量超标。近来，由于农药残留及过量使用引发多起食物中毒和群体事件，如山东毒姜、海南毒豇豆、河北毒饺子事件等。如2015年山东青岛多位市民食用西瓜后中毒，主要是农药残留超标造成的。因此，绿色低毒农药的研发是我国建设绿色中国急需解决的问题。

农药可能导致蜂、鸟、鱼、蚕等有益生物毒性，如杀虫剂氟虫腈的水生生物高毒性问题。最近几年处在风口浪尖的农药蜜蜂毒性问题，引发了世界级的担忧。近年，农药与蜂群崩溃日益关联，蜜蜂经常暴露于多种农药的环境中，而农药会损害蜜蜂的嗅觉记忆和学习功能。有研究表明，两种或两种以上农药的组合作用对蜜蜂的危害更严重。近来《科学》(*Science*)、《自然》(*Nature*)等著名杂志相继发表相关论文或评论，认为某些农药会杀死蜜蜂，会影响蜜蜂归巢、脑部发育、产卵等，欧洲开始禁用部分杀虫剂。2013年，欧盟曾短暂禁止使用3种重要的新烟碱杀虫剂。

2017 年 4 月，欧盟执委会依据欧洲食品安全局(EFSA)于 2016 年对农药进行的风险评估，提案要求除温室种植之外，全面禁用“吡虫啉”“噻虫胺”，以及“噻虫嗪”等新烟碱农药在田间使用的许可。这就导致某些作物虫害防治上无药可用，增加了经济损失。

农药抗性是指常年使用某种农药，或施药浓度过低；有时尽管施药浓度正常，但每亩地用药量不足或过高，引起害虫产生抗药性。抗性的发生可以导致害虫敏感性降低，从而增加农药用量，形成恶性循环，增加环境生态压力，最重要的是造成某些虫害无药可用，增加农业生产损失。如 2005 年和 2006 年我国爆发了褐飞虱、烟粉虱等害虫对吡虫啉的抗性，大部分水稻种植区水稻枯死倒伏，严重影响粮食生产。特别是江浙沪地区，抗性水平甚至高达 1 000 倍以上，导致部分地区颗粒无收，导致农业生产和农药工业蒙受了巨大损失，也引发了社会恐慌。随着长期、大量、广泛使用和过重依赖化学除草剂，抗药性杂草已成为我国必须关注的严重问题！全球已有 238 种杂草(138 种阔叶杂草和 100 种单子叶杂草)的 436 个生物型对 25 类已知化学除草剂中的 22 类的 155 种除草剂产生了抗药性。我国已有 26 种杂草(14 种双子叶，12 种单子叶)的 43 个生物型对 10 类 28 种化学除草剂产生了抗药性。

除了上述农药不可避免的客观影响，农药很可能又有人为原因造成重大事故，如 1995 年 3 月 20 日上午 7 时 50 分，东京地铁内发生了一起震惊全世界的投毒事件。五名恐怖分子乘坐不同的列车，他们同时用尖锐的伞尖刺破盛放有液体沙林的袋子，释放出致命的神经毒气，事件造成 13 人死亡，约 5 500 人中毒，1 036 人住院治疗，沙林毒气是有机磷农药研究开发出来的神经毒剂。1984 年 12 月 3 日凌晨，印度博帕尔市的美国联合碳化物有限公司设于贫民区附近的一所农药厂发生泄漏，引发了严重的后果，2.5 万人直接致死，55 万人间接致死，另外有 20 多万人永久残废。现在，当地居民的患癌率及儿童夭折率，仍然因这场灾难而远高于印度其他城市。上述事件是由于农药的不合理使用和农药非绿色生产工艺造成的。

农药接触造成的中毒问题也较为突出。长期和农药接触，将在很大程度上威胁人类的身体健康。根据相关的统计资料显示，我国每年大约有 10 万人次因为农药而中毒，并且农药中毒的死亡率也很高。长期和农药进行接触的人，一般集中在农作物周边的居民、农药厂的职员、使用农药的农户等。在长期的生产生活中，农药长期在人体内蓄积，将对人身体健康产生十分不利的影响和威胁。

三、绿色农药概述

1. 绿色农药的起源及发展

绿色农药是现在以及未来农药的发展趋势。农药发展经历了低效高毒、高效高毒、高效低毒、绿色农药的发展过程。农药的毒性和用量越来越低，由最初的用量 50 g～1 000 g/亩，毒性 10～500 mg/kg，发展到现在的用量 1 g～5 g/亩左右，毒性＞5 000 mg/kg。

农药起源于无机农药，用量大药效低。我国是使用农药最早的国家之一，有着十分悠久的历史。据记载，在公元前 7—5 世纪，我国即用牡鞠、莽草、蜃炭灰等灭杀害虫。在公元前 4—3 世纪，《山海经》中记载用含砷矿物毒鼠；在公元前 32 年至公元 7 年，《记胜之书》中谈及用附子、干艾等植物防虫及贮存种子等；到公元 25—200 年，东汉用炼丹术制造白砒；在 659 年，《唐本草》中记载了用硫黄杀虫、治疥。在唐代，有用砷化物防治庭园害虫；在明代，李时珍所撰《本草纲目》中更是介绍了不少杀虫物质，如砒石、雄黄、百部、藜芦等；而宋应星的《天工开物》中记述了用砒石防治地下害虫、田鼠及水稻害虫。之后，又有用烟草、除虫菊、鱼藤等除虫。

DDT 的出现，标志着有机农药时代的来临，DDT 的使用挽回了粮食产量的 15%，DDT 有效遏制了霍乱、斑疹和伤寒等疾病的大流行及疟疾和脑炎的传播，拯救了亿万人的生命。瑞典人保罗·赫尔曼·穆勒于 1948 年登上了瑞典斯德哥尔摩的领奖台，获得了该年度诺贝尔生理学或医学奖。然而，1962 年美国环境生物学家蕾切尔·卡逊发表专著《寂静的春天》，深刻揭露和描述了包含 DDT 在内的诸多含氯的农药对生态环境的破坏作用，从而引起了强烈的社会反响。从 1970 年起，多数国家禁用 DDT，我国也于 1985 年全面禁止使用与生产 DDT。人类清楚地认识到，农药给农业带来巨大收益的同时，长期大量频繁使用传统农药也带来了一些负面效应。

1940—1950 年期间，科学家开发了有机磷和氨基甲酸酯类杀虫剂，它们具有高杀虫效率，但对哺乳动物高毒性。20 世纪 70 年代，研发了拟除虫菊酯类杀虫剂，该类杀虫剂生物活性优异、环境相容性较好，在防治卫生害虫和农作物害虫中占有重要地位。1989 年，以吡虫啉为代表的新烟碱类杀虫剂的发现成为杀虫剂发展的新里程碑，新烟碱杀虫剂杀虫活性卓越，与传统的杀虫剂无交互抗性，并且对非靶标生物和环境风险较低。2010 年，双酰胺类杀虫剂进入市场，该类杀虫剂具有新颖的结构、独特的作用方式、高效低毒等优点，是一类防治鳞翅目害虫的环境友好型杀虫剂。

世界农药研发创制中心经历了几次转移，20世纪五六十年代，农药研发中心在欧洲，代表公司有拜耳、巴斯夫和先正达；七八十年代，研发中心转移到美国，代表公司有杜邦、陶氏和孟山都；九十年代后，转移到日本，发明了多类原创性的农药。

20世纪40年代左右，欧洲在有机合成化学和化学工程方面的技术领先全球，大量新化合物的出现及产业规模的实现，使得农药创制及农药工业在欧洲出现。如1939年在瑞士发明杀虫剂DDT，法国和英国分别在1942年和1945年发明杀虫剂六六六(六氯环己烷)，德国在1943年发明有机磷杀虫剂。欧洲成为第一个世界化学农药创制中心。美国在20世纪60年代关注环境和生态的安全，催生了于1978年问世的超高效磺酰脲除草剂，代表着农药绿色化及现代化的开始，也标志着美国开始成为世界农药创制的中心。而草甘膦的发现和生物技术的发展，转基因作物的推广与应用，最终强化了美国在农药创制领域的领导地位。20世纪60年代开始，日本一些科学院所和大学(日本理化所，京都、九州、神户等大学)开展了农药基础理论研究，造就了如著名农药化学家、QSAR奠基人之一的Fujita教授和著名的农药毒理学家Yamamoto教授等为代表的一批具有国际影响力的学术带头人，在70年代拟除虫菊酯发明中作出了贡献，80年代发明绿色环保的杀虫剂醚菊酯，90年代发明吡虫啉，21世纪初发明氟虫酰胺，标志着其在新农药原始创新方面取得了重大突破，日本成为新一代世界化学农药创制中心。因此，从世界农药创制中心转移的脉络，即欧-美-日转移路线，可以看出化学化工技术、环境与生态理念、基础理论研究的创新造就了不同时期世界化学农药创制的中心。

中国农药在1949年以后才得以发展。在1950年开始生产六六六，并于1951年首次用飞机喷洒DDT灭蚊、喷洒六六六治蝗。1957年中国建成了第一家有机磷杀虫剂生产厂——天津农药厂，六七十年代主要发展有机氯、有机磷和氨基甲酸酯类杀虫剂品种。70年代是我国农药创制的上升阶段，如中国科学院上海有机所梅斌夫先生研发出乙基大蒜素、上海市农药研究所沈寅初先生研制出抗生素井冈霉素、沈阳化工研究院张少铭先生研发出多菌灵、贵州化工研究所段成刚先生研发出杀虫双，这些科技成果为我国的农业作出了重要贡献。

中国是农业大国，我国施用农药的防治面积为23亿亩次左右。全国农药使用量大约为20万吨左右，真正利用率仅10%～20%，其余进入环境。中国有2 000多个农药企业，5 000～10 000吨的生产能力，约600种有效成分的近20 000个产品取得了登记，农药制剂的生产约100万～140万吨。可见农药工业除了和农业生产、食品安全、环境保护及可持续性发展等国计民生紧密相关外，也是我国就业面和影响面非常大的产业。然而，由于基础理论研究水平不高，创新能力薄弱，我国农药工业问题诸多。如量大质次、品种老化、污染严重、更新乏力等。传统高毒化学农药除了对我国的生态环境、人民健康、食品安全、出口贸易产生严重消极影响，也对我国城市生态和市民食品安全构成严重威胁，对国家形象和创新型国家的建设也产生了不良的影响。对危害和污染的源头进行控制是应对危害和污染的重要手段，因此，创制环境相容性好、安全高效的绿色化学农药是符合科学发展观的必由之路。

绿色农药技术随着科学技术和生态理念的发展而逐步完善，第188次香山科学会议上，我国首次提出绿色农药的概念。近来国外公司开发了多个绿色农药新品种，但这些产品离真正的绿色农药还有差距，存在各自的缺点。绿色农药现在还处于概念阶段，而且随着生态概念及认识的转变，其概念、标准是动态演变的。主要问题是农药残留降解、环境安全性评价和蜂鸟鱼蚕等有益生物安全性不达标。绿色农药研发周期长、耗时巨、技术复杂，技术还在逐步成熟中。现阶段，基因技术、分子生物学、结构生物学等生物学技术的发展为未来绿色农药的创制提供了更大的机遇和平台。生命科学前沿技术如基因组、功能基因组、蛋白质组和生物信息学等，将与农药创制研究紧密结合，将促进绿色农药筛选平台、新先导化合物发现和新型药物靶标验证等的快速发展。精准施药技术、绿色剂型技术、绿色化工技术、天然源农药、生物农药和转基因技术是未来绿色农药的发展方向。我国需要加大投入，促进我国绿色农药技术的提升和农药产业结构调整。希望经过我们以及后来人的努力，能够把中国变为下一个世界农药研发中心。

2. 绿色农药的创制

随着对生态环境的日益关注、绿色农药研发难度增大，成功开发一个绿色农药，需要合成14万个化合物，耗资2.56亿美元，历时超10年，涉及生物、化学、生态、环境、毒理、经济、市场等多个学科。

绿色农药研究开发主要基于对害虫或作物的生理学和生态学的化学合理性和生理合理性进行设计。新农药研究开发中主要包括先导物筛选、生物活性筛选、毒理性实验和环境安全评估、剂型研究、生产工艺优化和工业分析、专利保护及商业化推广等过程，一个农药的成功创制，需要这样循序渐进地进行。

为确保创制的农药绿色安全，现代绿色农药创制有着一套严格的安全评价体制，这是事关农药是否绿色的重要研究内容。为了保护人类健康和生态环境，各国政府对农药安全评价的要求日趋严格。农药安全性评价包括系统的动物毒性试验，包括亚急性、急性经口、皮毒性试验，亚急性、急性吸入毒性试验，急性皮肤、眼刺激试验，“三致”(致癌、致畸、致突变)试验等，同时探究农药对哺乳动物产生的毒性作用的机制，为筛选高效、低毒、低残留、无公害绿色农药，研究农药的代谢过程、吸收、分布、转化、排泄及蓄积与残留期限，制定农药的应用范围、使用剂量、安全间隔期及残留量标准提供重要依据。现在，绿色农药在登记时，毒性试验要求越来越高，比如增加试验农药的广度，包括多种不同类型农药、不同物种及生物全生命过程；提供准确而相关联的可用于危害性与剂量反应评估的信息，运用新技术，如生物基因组学、药效动力学等；合理安排试验时间，提高试验效率和减少工作评审手续；本着人道主义精神，尽可能少用实验动物，减少实验动物的痛苦。

绿色农药的环境安全性评估，主要包括新农药的环境行为和对非靶标生物的安全性。环境行为是指农药进入环境后，在环境中迁移转化过程中的表现和特征，包括物理行为、化学行为和生物效应三个方面，直观地反映了农药对生态环境污染影响的状态，涵盖了新农药的挥发作用、土壤吸附作用、淋溶作用、土壤降解作用、水解作用、光解作用和生物富集作用等试验。在靶标生物与非靶标生物并存的环境中，使用农药难免会对非靶标生物造成一定的危害。不同的农药品种，由于其施药对象、施药方式、毒性及其危及生物种类的不同，其影响程度也随之而异。环境生物种类很多，在评价时只能选择有代表性的，并具有一定经济价值的生物品种，其中包括陆生生物、水生生物和土壤生物作为评价指标。环境毒性试验主要是对鸟类毒性，蜜蜂毒性，天敌(赤眼蜂、蛙类)毒性，鱼类毒性，水生生物(水蚤、藻类)毒性，家蚕毒性，蚯蚓毒性和土壤微生物影响等试验。

绿色农药的研究开发涉及多学科，投资大、周期长、风险高，更多依托国内外著名农药企业和科研院所合作研发。国外知名农化企业包括瑞士先正达、拜耳作物科学、巴斯夫、陶氏益农、杜邦、孟山都、富美实和住友化学等，国内较知名农化企业有浙江新安化工集团、扬农化工股份有限公司、南京红太阳、山东润丰和海利尔、深圳诺普信和华邦颖泰等。国内主要的科研院所单位包括南开大学、中国农业大学、中国农业科学院、华东理工大学、西北农林科技大学、贵州大学、华中师范大学、南京农业大学、上海有机化学研究所、沈阳化工研究院、浙江化工研究院、湖南化工研究院、上海农药研究所和江苏农药研究所等。

在国家科技部、自然科学基金委、各地方政府持续支持下，我国农药研发和应用整体水平稳步提升，创制能力及国际影响力大大增强。尤其是“973”农药项目的支持，大幅提升了中国绿色农药的创新能力，取得多项具有国际影响的原创性成果，使中国成为继美、日、德、瑞士、英之后第六个具有独立创制新农药能力的国家。

尽管中国农药创新取得较大进步，但与国际水平仍存在不小的差距。国际上在药物靶标发现、新药物分子设计等前沿和核心技术方面日新月异，在重要农业药物新产品创制方面不断取得突破，农业药物产业的技术水平、规模不断提升。发达国家投入巨大的人力、物力，积极抢占农业药物与生物制剂的前沿制高点。而我国农药相关研究缺乏核心竞争技术，主要集中于农药研发的初级阶段，长期以来以跟踪模仿为主，缺乏自主创新，产品更新换代发展缓慢。农药工业问题严重：仿制多，创新少；品种多，新品少；投入多，产出低；原药强，加工弱；产量高，质量低。国内除少数前沿技术能达到国际水平外，大部分技术与发达国家存在一定的差距，缺乏完全的创新体系，最前沿的核心技术基本上都掌握在发达国家的企业手中。国外农药研发主要由几大巨型跨国集团主导，追求的是全面发展的路线，而我国新农药研发力量长期以来主要集中在科研院所和大学。

与持续高增长的经费投入和不断扩充的科研队伍相比，我国农药创新力仍显不足，尤其是基础研究中的突破性、原创性成果少。杀虫剂产品创制上，近几年研发的杀虫剂，如双酰胺杀虫剂(Cyclaniliprole)，作用于 GABA 受体的 Fluralaner、Afoxalaner 和 Broflanilide，以及作用于 nAChR 受体的杀虫剂 Triflumezopyrim 和 Dicloromezotiaz 都是国外公司研发。在杀虫剂创制的新理论和新技术方面，国内创新仍主要集中于制剂和筛选方面，在计算机辅助筛选与纳米农药等技术上已经有了与国际接轨的趋势，但新技术如基因编辑技术和杀虫蛋白等研究方面仍有待深入，近来的重大发现如吡蚜酮作用靶标的确认，基因编辑技术在昆虫生长调节剂作用机制研究中的应用都是由国外团队完成的。

与国际相比，我国农药研究科研的投入远远不足。国家“973”计划、“863”计划等重大科研计划，在“十二五”期间累计在农药创制方面的投入仅约 3 亿元，这与发达国家动辄数十亿美元的投入相比，差距巨大。如美国仅 2012 年用于农药化学品的研发投入约 30 亿美元，我国投入约为美国的几百分之一。

相对于发达国家，我国农药创新能力弱，论文专利的质量和水平令人担忧，论文只有 0.05%发表在顶级期刊上。中国农药专利申请总量已经超过美国，成为全球第一。国内的大部分农药专利为制剂、混配和用途等方面的专利申请，与国外相比，中国专利质量参差不齐，专利申请中原创性东西少、含金量不足，仅仅是“为专利而专利”。国外专利申请的重点在于新化合物的研发，而国内农药专利申请则以化合物的应用研究为主。美、日两大农药创制国的农药化合物专利占总申请量的 29%，而中国仅有 21.73%～17.81%。

3. 中国绿色农药的发展

绿色农药的概念由“环境和谐农药”(Environmentally Friendly Pesticides)变为“绿色农药”(Green Pesticide)，当时存在争论，而我国是此概念的最早提出者。2002 年 3—5 日第 188 次香山科学会议在北京举行，此次会议的主题是绿色农药，国际上许多农药专家参会，会上与会专家受绿色化学启发，国际上首次提出绿色农药的概念。

图 3.2　2002 年第 188 次香山科学会议上，我国在国际上首次提出绿色农药的概念

1949 年以来，我国农药的技术创新取得了一定的成绩，已相继研制投产约 250 个农药原药，奠定了我国农药工业的基础，为确保我国农业生产作出了巨大贡献。但由于我国化学农药基础理论研究水平不高，创新能力薄弱。传统高毒化学农药除了对我国的生态环境、人民健康、食品安全、出口贸易产生严重消极影响，也对我国城市生态和市民食品安全构成严重威胁，对国家形象和创新型国家的建设也产生了不良的影响。

近年我国加大了农药创制研发的投入，用于高毒农药的转产和替代，建立了两个农药创制中心(南北方各一个)，依托国内现有农药科研力量，加大农药研发力度。部分主导品种和中间体绿色生产工艺开发、生产装备的集成化和大型化、工艺控制自动化、水基型剂型加工技术等共性关键技术已成功应用于农药工业化生产。农药产品质量稳步提高，部分产品达到国际先进水平，如吡虫啉、溴氰菊酯、多菌灵、甲霜灵、三唑酮、草甘膦等。我国强制执行的 200 多个国家或行业标准，均采用或等同国际标准。

除了工艺革新外，在政府的引导下，以高校等研究机构为主体，我国开展了新一代的绿色化学农药创制，逐步形成技术后转移至企业以实现农药创制的腾飞，并取得了一些重要进展。比如，南开大学的单嘧磺隆和单嘧磺酯的产业化开发，华东理工大学开发的新烟碱杀虫剂哌虫啶、植物免疫激活剂氟唑活化酯、烟碱乙酰胆碱受体拮抗剂环氧虫啶，中科院上海有机化学研究所开发的丙酯草醚以及贵州大学研发的病毒星等。

我国人口众多，幅员广阔，种植作物繁多，种植面积大，气候变化大的特点也决定了我国对农药的需求显著异于全球的农药需求，因而国际上成功的商品化农药并不一定适合中国的特殊病虫草害，也不一定适合中国特殊作物和种植方式，因而针对我国国情创制适应我国市场的化学农药也为我们农药创制的进一步发展提供了机遇。

在研究队伍方面，南开大学、华东理工大学、华中师范大学、贵州大学、中科院有机化学研究所、中国农业大学、南京农业大学、西北农林科技大学、浙江工业大学等分别在各自领域形成了优势，而原本传统农药研究院所，如沈阳化工研究院、湖南化工研究院、上海农药研究中心、江苏农药研究所、浙江化工研究院等在工艺开发、派生药的深入研究方面也继续保持着显著优势。在我国农药企业方面，江苏扬州农药集团的拟除虫菊酯、江苏克胜集团的新烟碱杀虫剂、大连瑞泽集团的丁烯氟虫腈、山东侨昌集团的异丙草胺等均在农药创制方面有重要进展。中化化工科学技术研究总院整合各方面的优势，于2010年成立了我国第一个农药产业技术创新战略联盟，因此，在短期内实现我国农药创制整体跨越式发展的时机已经成熟。

尽管我国的农药创制的研究水平和国际跨国公司相比整体上还比较落后，但是在农药的合成和药效团的衍生方面具有较强的研究实力，在农药的生物合理分子设计，分子靶标与先导的相互作用方面已具有了较好的基础，而某些特殊研究领域，如新烟碱杀虫剂的反抗性分子设计、抗性机制及作用机制研究已经处于国际领先地位；在计算化学方面，DFT-密度泛函和双分子聚集态QSAR的构建是具有显著创新性的基础理论研究；在活性、毒性预测软件和数据库方面也正在不断缩小和国外的差距；生物活性测试和评价平台也已经得到了显著改善，这些为进一步发展提供了机遇。

我国的农药工业是新中国成立后从仿制外国农药品种发展起来的。我国创制农药起步比国外晚了几十年，要在经费十分困难的条件下，尽快过渡到自主创制对环境友好的绿色农药，在开发的过程中要经过众多严格的国家新药登记手续，还要参与国内外的激烈市场竞争，从某种程度上来说，在历经环境和生态非靶体等评价体系上要比创制一个新医药承担更严峻的风险与考验。

在科技部“973”计划、“863”计划、科技支撑以及基金委、各部委及地方政府大力支持下，我国建立了涵盖分子设计、化学合成、生物测试、靶标发现、产业推进等环节的较完整的农药创制体系，自主创制的病虫草害防治品种开始走向应用。在华东理工大学钱旭红院士的带领下，我们国家也组建了一支绿色农药创制队伍，多家国内农药研究机构，协同攻关，承担了“绿色化学农药的先导结构及作用靶标的发现与研究(2003—2008)”和“分子靶标导向的绿色化学农药创新研究(2010—2014)”两轮国家 973 项目。2017 年，我们又启动了国家重点研发计划“绿色农药靶标的化学生物学”的绿色农药项目。这些项目的实施，进一步发展和完善了我国绿色农药创新研究体系，提升了我国的创新能力。

图 3.3　2014 年，973 项目“分子靶标导向的绿色化学农药创新研究”结题验收会在上海华东理工大学举行

绿色农药研究项目的实施，初步建立了分子靶标导向的绿色化学农药创新研究体系和理论，初步建立了生物合理性和化学多样性的绿色农药分子设计方法、基于比较化学生物学的新靶标和机制发现和成药性验证方法，为解决我国的病虫草害，提供了“新农药-试验农药-候选农药”为代表的众多品种，“新靶标-试验靶标-候选靶标”为代表的分子靶标，基于自主知识产权新品种和新作用机制的植保应用新技术。取得农药临时登记的品种包括毒氟磷扩作、丁香菌酯、丁吡吗啉、甲噻诱胺，最新又有环氧虫啶和氟唑活化酯两个品种获得临时登记，毒氟磷、丁香菌酯、丁吡吗啉、甲噻诱胺、环氧虫啶和氟唑活化酯进入正式工业生产或者进入工业化阶段。毒氟啉是第一个农药登记作为南方水稻黑条矮缩病防控新药剂，构建了毒氟磷为核心全程免疫防控技术，并在全国进行了大面积推广应用，使农药使用量下降了30%，防效达到了80%以上，增产显著，基本解决了南方水稻黑条矮缩病的防控技术难题。

为建设绿色生态中国，农业部农药使用量零增长应用与研究课题组发起，中国工程院农药产业重点战略咨询项目组、北京华夏农企文化交流中心、华东理工大学药物化工所承办，道器网、农医生、蜻蜓农服协办，中国化工学会、上海科普作家协会支持的“零增长在行动”系列农药知识科普公益活动2016年5月18日在华东理工大学启动了第一站。通过植保无人机现场演示、农药使用量零增长行动创新融合发展座谈会、“零增长在行动”卡通形象征集活动启动仪式等系列活动，把“零增长行动”的理念送进大学校园，引导一代学子成为中国现代农业的“代言人”。举办这样的活动能够让大学生以及社会大众更加了解农药行业的发展，并能够树立对农药这个行业客观公正的认知，同时也给这些优秀的农药从业企业与大家沟通和交流的机会。活动围绕农药科普、农资企业示范基地建设、先进农机展示和知识普及等全面展开，并通过高校、农资经销网络、各大媒体进行广泛传播，推广和普及农药零增长理念，建立健康、客观、公正的农药使用量零增长社会监督机制。

图3.4 “零增长在行动”系列农药知识科普公益活动于2016年5月18日在华东理工大学启动了第一站

“农药使用量零增长”的实质是提高农业现代化的水平。作为世界农药生产和使用大国，我国的单位面积化学农药用量比世界平均用量高2.5～5倍，农药用量偏高、利用率偏低是农业病虫害防治中的突出问题。零增长就是通过“三减一提”实现“控量提效”。一是减少施药次数。应用绿色防控技术，创建友好生态，从少用药中减量。二是减少施药剂量。对症用药，用好药，适时适量用药，从过量施用中减量。三是减少农药流失。大力开发应用现代植保机械，从避免浪费中减量。四是提高防治效果。发展病虫防治专业化服务组织，开展统防统治，从提高防效中减量。技术路径是用高效低毒低残留农药替代高毒高残留农药，用大中型高效药械替代小型低效药械。集成推广一批技术模式，建设一批绿色防控示范区。到2020年，主要农作物农药利用率达到40%以上，比2013年提高5个百分点。

为促进绿色农药发展，为推进农业发展方式转变，有效控制农药使用量，保障农业生产安全、农产品质量安全和生态环境安全，促进农业可持续发展，农业部制定《到2020年农药使用量零增长行动方案》。据统计，2012—2014年农作物病虫害防治农药年均使用量31.1万吨，比2009—2011年增长9.2%。我国农药平均利用率仅为35%，大部分农药通过径流、渗漏、飘移等流失，污染土壤、水环境，影响农田生态环境安全。实施农药减量控害，改进施药方式，有助于提高防治效果，减轻农业面源污染，保护农田生态环境，促进生产与生态协调发展。

行动方案的技术路径：根据病虫害发生危害的特点和预防控制的实际，坚持综合治理、标本兼治，重点在“控、替、精、统”四个字上下功夫。一是“控”，即是控制病虫发生危害。应用农业防治、生物防治、物理防治等绿色防控技术，创建有利于作物生长、天敌保护而不利于病虫害发生的环境条件，预防控制病虫发生，从而达到少用药的目的。二是“替”，即是高效低毒低残留农药替代高毒高残留农药、大中型高效药械替代小型低效药械。大力推广应用生物农药、高效低毒低残留农药，替代高毒高残留农药。开发应用现代植保机械，替代跑冒滴漏落后机械，减少农药流失和浪费。三是“精”，即是推行精准科学施药。重点是对症适时适量施药。在准确诊断病虫害并明确其抗药性水平的基础上，配方选药，对症用药，避免乱用药。根据病虫监测预报，坚持达标防治，适期用药。按照农药使用说明要求的剂量和次数施药，避免盲目加大施用剂量、增加使用次数。四是“统”，即是推行病虫害统防统治。扶持病虫防治专业化服务组织、新型农业经营主体，大规模开展专业化统防统治，推行植保机械与农艺配套，提高防治效率、效果和效益，解决一家一户“打药难”“乱打药”等问题。为促进绿色农药的发展，国家也启动了“化学肥料和农药减施增效综合技术研发”试点专项，2017年启动了21个项目，总资助经费约10亿元。这些项目实施有助于发展绿色农药和绿色防控技术，创制绿色农药，加强技术集成创新与应用。

4. 绿色农药发展趋势

我国绿色农药创新缺乏高层次人才，人才结构也不合理。发达国家的农药创制主要以国际大公司为主，企业集中了大量的优秀科研人员，从农药创制各个阶段科研人员，到管理、销售、服务等人才组成梯队合理，人才多元化，企业笼络了各个方面的优秀人才。如先正达有5 000余名员工从事研发工作，而且人才教育化程度较高，约15%的员工拥有博士学位，30%有硕士学位，55%有学士学位。中国企业人才凝聚力不够，我国农药高端人才主要集中在科研院所，大部分主要从事农药研发初始阶段工作，而管理、剂型开发、生测、毒理机理研究等人员缺乏，导致研究、产业动力缺失。尽管这几年我国已培养了从事绿色农药创制领域的科技骨干数百人，具有专业技术知识的博士、硕士等高层次人才2 000多人，形成了一支结构合理、学科齐全、创新能力强的从事农业药物研究与开发的人才队伍，但是难以满足需求，尤其是新剂型和新助剂研究和推广的人才、农药专业的国际贸易人才，这些人才知识层次比较高，我国农药行业目前需求量极大。同时我国优秀的农药销售人员、销售管理人员、市场营销和策划人员极其匮乏。现行的销售员大多数人都未接受过专业、系统的训练，经验型居多，知识型、管理型缺乏，农药企业的发展还急需懂专业的技工、高级技工，同时还缺乏农药技术应用、知识推广、教育人才。

在科技部、基金委、各部委及地方政府大力支持下，我国建立了涵盖分子设计、化学合成、生物测试、靶标发现、产业推进等环节的较完整的农药创制体系，自主创制的病虫草害防治品种开始走向应用，组建了一支绿色农药创制队伍，这些项目的实施，进一步发展和完善了我国绿色农药创新研究体系，提升了我国的创新能力。

基因技术、分子生物学、结构生物学等生物学技术的发展为未来杀虫剂的创制提供了更大的机遇和平台。其他学科的发展渗入新农药创制的研究中，如化学、物理学、计算机和信息科学等学科与农药研究的交叉和渗透。生命科学前沿技术如基因组、功能基因组、蛋白质组和生物信息学等，将与农药创制研究紧密结合，将促进农药筛选平台、新先导化合物发明和新型药物靶标验证等的快速发展。全新结构和作用机制的新农药开发、农药的精准调控和释放、生物源农药、仿生化学农药的开发、杀虫蛋白，RNAi杀虫剂和转基因作物将是未来农药发展的热点领域。

2013年，*Science*杂志出版专刊*Smarter Pest Control*，指出未来杀虫剂的创制需要更智能化，要更加关注农药的野生生物生态毒理，以更加安全地使用农药；发展基于结构、碎片和靶标的分子设计技术，低成本催化反应合成技术和植物免疫系统激活技术。同时RNAi技术、转基因技术和纳米技术在农药中的应用继续是未来的热点。2014年，旧金山举行的IUPAC(国际纯粹与应用化学联合会)第十三届国际农药化学大会，指出作物数据库建立、大数据分析、基于云计算的环境模型、转基因技术、纳米农药、生物农药、基因农药、智能农药和功能农药是未来植物保护发展的方向。

农药是现代农业、生态保护和卫生防护不可缺少的药剂。农药的创新和应用与生态保护、粮食安全、食品安全等息息相关，不仅影响着化学工业和农业动植物保护产业的竞争力，也影响着人民生活，牵动着千家万户的注意力，是建设美丽中国和生态文明需要直接面对的重大产业发展和民生改善的关键问题之一。由于科技的进步，现代农药已经进入超高效、低用量、无公害的绿色农药时代，新的种植形态和生态理念对农药发展及其应用提出了更高的要求。美、日、德、瑞士、英、法等发达国家在农药的创新能力、产业发展水平、应用水平方面处于世界的领先地位。日本在此领域，通过国家推动，调动大学、科学院、产业的积极性，后来居上，尤为值得关注。

中国作为农业大国，农业在整个国民经济中占有重要比重。作为最基础的物质生产部门，其地位的稳固不仅事关人民利益、社会安定以及国民经济的发展，更是我国在国际竞争中保持独立自主的关键。在经济发展的各个阶段，都要重视农业生产并加强农业的基础地位。农药的使用每年可挽回全球粮食损失约 30%左右。进入 21 世纪以来，我国农药行业进入增速重新加快时期。国家又重新重视农业生产，陆续出台多项农业扶持政策；加之近年来中国种植结构发生了很大变化，水果、豆类、油菜、观赏植物和青饲料等作物的种植面积与大棚的种植面积不断增加，且一年栽培数熟，对新型农药的需求有所增加。同时，我国农药是以牺牲农业生态环境为代价发展起来的，农药企业环保治理依然停留在化学技术初级阶段，生物技术基本没有开展。环保问题是农药产业发展的致命问题，环保是发展的必然方向。发展绿色环保的新农药，是确保农业稳产、丰产，提高食品质量与安全，保护环境的重要生产资料。

绿色农药颠覆了传统的农药产业、创制模式和病虫草害的防治方式。DDT 的出现有效遏制了霍乱、斑疹和伤寒等疾病的大流行及疟疾和脑炎的传播，拯救了亿万人的生命。随后有机氯、有机磷、氨基甲酸酯、拟除虫菊酯、新烟碱等有机农药的开发，解放了劳动生产力，保障了粮食安全。然而农药的过量频繁使用带来农药残留毒性、抗性频发、次要害虫大发生、环境污染和生态平衡破坏等一系列问题，这就需要大力创制绿色农药。全面发展绿色农药技术符合我国绿色发展理念，绿色农药技术在保障粮食丰收、农产品安全的同时可降低对有益生物的危害，保护生态链，保证生态平衡；降低农药中毒事件，减少人们对环境污染和食品安全的担忧；降低农药残留超标对我国农产品出口造成的经济损失；促进我国农药工业的大调整，使资源配置更加合理。

绿色是生命的象征、大自然的底色。今天，绿色更代表了美好生活的希望、人民群众的期盼。民有所呼,党有所应。在党的十八届五中全会上,习近平同志提出创新、协调、绿色、开放、共享"五大发展理念",将绿色发展作为关系我国发展全局的一个重要理念,作为"十三五"乃至更长时期我国经济社会发展的一个基本理念,体现了我们党对经济社会发展规律认识的深化,将指引我们更好地实现人民富裕、国家富强、中国美丽、人与自然和谐,实现中华民族永续发展。坚持发展绿色农药,建设绿色中国,为人民提供干净的水、清新的空气、安全的食品、优美的环境,促进农业绿色、生态、可持续的发展。

参考文献:

[1] 中国科学技术协会主编:《植物保护学科发展报告》,北京:中国科学技术出版社,2014 年。
[2] 陈万义主编:《新农药的研发》,北京:化学工业出版社,2007 年。
[3] 贾敬敦、孙晓明、陈昆松主编:《农业前沿技术与战略性新兴产业》,北京:中国农业出版社,2011 年。
[4] 苏惠:《绿色农药的发展概述》,《农林论坛》,2007 年第 3 期。
[5] 郑清:《绿色农药发展简介》,《山东化工》,2004 年第 5 期。
[6] 武留超:《农药的危害性及绿色植保技术》,《农业开发与装备》,2016 年第 9 期。

第四章　绿色材料与可持续发展

本章问题

1. 什么是绿色材料？

2. 我国在绿色材料的发展上虽然起步比较迟，但是取得了飞快的发展，简述一下我国在绿色材料方面取得的成就。

3. 部分生物质材料既可以食用，又可以作为绿色原料，是否存在绿色材料发展与粮食危机的矛盾？

4. 结合我国实际情况谈谈你对发展绿色材料的想法或者具体措施。

随着人类对资源需求的日益增长，人类与自然界的矛盾日益凸显。目前，绿色发展成为各个国家关注的焦点，有助于实现人类的可持续发展。国家主席习近平在北京“一带一路”国际合作高峰论坛开幕式中强调了我们要践行绿色发展的新理念，倡导绿色、低碳、循环、可持续的生产生活方式，这表明了当今绿色发展成为主流，绿色材料作为绿色发展中重要的一环，发展绿色材料能够有效地缓解能源危机，对实现人类的可持续性发展具有重要的意义。

一、绿色材料概述

1. 绿色材料的定义

绿色材料即指在原料采集、产品制造、使用或者再循环及废料处理等环节中对地球环境负荷最小和有利于人类健康的材料。所追求的是材料所需原料的绿色，材料制造的绿色，材料制造出的产品的绿色，最终实现环境和人类的协调发展。这类材料有较好的功能和使用性能，同时消耗较少的资源和能源，对生态与环境污染也比较小，从而有利于人类健康。绿色材料由于其卓越的优点，正受到各个国家的关注。绿色材料可以分为三个方面：绿色原料、绿色制造、绿色产品。

绿色原料是制备绿色材料的物质基础，它具有重要的四个特点：易于采集、可循环利用、可实现降解、对人体和环境无害。比如我们从大自然中采集的天然材料，木材、秸秆、大理石等，比起那些需要通过一定技术才能采集的石油、天然气、煤等资源，前者我们不需要耗费过多的人力、物力、财力，就能够实现采集和利用。对于一些可循环使用的原料，我们可以将原料最终制备的产品尽可能地进行循环利用。对于不易回收的原料制备的产品，能够在大自然中受到光、热、生物等作用下降解，完成自然界的物质循环。除此之外，在制造、使用以及处理过程中不会污染环境和造成人类疾病。

当完成了绿色原料的采集后，材料的绿色制造也是不可或缺的一方面。在过去几十年，由于绿色先进技术的限制，阻碍了材料绿色制造的发展，造成了许多原料、能源的浪费，以及环境的污染。近几年来，随着新兴技术的兴起，各种绿色制造技术被应用到材料制造上，有效地减少了原料以及能源的浪费，具有重要的意义。总的来说，绿色制造就是实现两个原则：制造的减量化原则和再利用原则。减量化原则在产品设计和原材料的供应方面比较重要，可以减少原材料的浪费。在制备的产品使用后，处理时争取实现材料的再利用，通过回收维修，或者零部件再利用，从而提高了材料的使用率。对于不能够利用的材料，再进行焚烧处理，保证材料的充分利用以及后处理的合理。

绿色产品是将绿色材料经过绿色制造产生的最终产品，是绿色材料最终实现的目标。我们的衣、食、住、行与绿色产品息息相关，极大地影响着我们的生活。一般绿色产品都有着一些相似的特点：生产过程及其本身节能、节水、低污染、低毒、可再生、可回收。毫无疑问，绿色产品的应用有助于创造一个健康的环境，实现人类的可持续发展。

2. 绿色材料的发展与现状

随着社会生产力的飞速发展，人类社会活动的规模和深度不断地扩大，向自然界索取的能力和对自然界干预的能力也越来越大，加之人类认识上的局限性和主观上的松懈性导致环境问题越来越严重，对人类生命和财产安全以及社会经济的发展构成了严重的威胁。随着世界经济的快速发展和人类生活水平的提高，现代社会对材料及其产品的需求增长得更加迅猛。1980 年，全世界的资源消费量约为 1900 年的 10 倍，在 1900—1950 年间，有 40 亿吨普通金属用于制造业，但是 1980—1990 年的 10 年内，就用掉 58 亿吨金属。高科技的发展，使得电子产品、家用电器更新换代的周期越来越短，产生出大量的电子垃圾；塑料制品的广泛使用使得各种有害化合物进入土壤，渗透地下，污染水源，危害人类、植物和动物；大量工业和生活垃圾的焚烧处理，产生大量的有毒气体，对空气造成了严重的污染，形成了酸雨、雾霾等。20世纪后半叶发生的一系列世界著名公害事件引起了全球的极大关注。

在此背景下，出现了材料与环境相协调的绿色理念。绿色概念最早是由德国人提出来的。在1977年，德国首先发布了“蓝天使”标志，规定低散发量的产品可获得“蓝天使”标志，考虑的因素包括污染物散发、废料产生、再次循环使用、噪声和有害物质等。如今，德国带“蓝天使”标志的产品已经超过了3 500种，“蓝天使”标志已经被大约80%的用户所接受，而且，获得“蓝天使”标志的产品在市场的销售量持续增多，越来越受到欢迎。随着绿色概念的普及，1988年第一届国际材料大会首次提出了“绿色材料”的概念，指出绿色材料是在原材料采购、产品制造、使用或回收过程中环境负荷最小、对人体健康有益的材料。由于“绿色材料”概念的提出，各国也开启了发展“绿色材料”的浪潮。加拿大、日本、美国、英国、印度等开始发展绿色材料，发布相关的绿色材料的标志，采取发展绿色材料的相关措施，这使得绿色材料在全世界成为热潮。中国在20世纪由于技术的落后和国家的封闭，绿色材料的步伐开启得比较晚，直到1998年，我国才召开了“生态环境材料讨论会”，强调了材料在满足使用性能要求的同时还需要具有良好的全寿命过程的环境协调性，赋予材料及材料产业以环境协调功能。到2004年，我国的第一个绿色材料标志诞生，颁布了一系列措施来发展绿色材料。2007年中国实行了“限塑令”，规定采用可降解的塑料代替不可降解的塑料，推行有偿使用塑料袋，从而减少塑料的浪费。2008年举行的北京奥运会，各类绿色材料被应用到奥运场馆建设中，上海世博会馆在建立过程中也使用了绿色材料，这标志着中国绿色材料的使用进入了一个新的高度，采用绿色材料制备的产品更加迅速地走向市场，受到了全国人民的关注。

3. 发展绿色材料的必要性

近几年来，由于经济的迅猛增长，使得环境和资源的破坏及生态失衡更加的严重，引发了一系列全球性的生态环境问题，于是，人们开始反思，提出了可持续发展，要求保持经济的快速增长需要在人类可持续性发展的前提下才行。中国对可持续发展的认识是：立足发展，在保持经济持续、健康、稳定增长的同时，控制人口增长，提高国民素质，消除贫困，保证自然资源的可持续利用，维护地球的生命支持系统，控制环境污染，优化生存环境，承担保护地球环境的国际义务。概括为四个方面：(1) 人口和社会进步。我国新增国民收入的1/4被新增人口消费掉，未来50年还将增加四五亿人。人口膨胀对资源、环境产生的压力已是可持续发展的瓶颈问题。(2) 资源永续利用。我国自然资源十分丰富，但在庞大的人口基数下显得很贫乏，人均占有量不到世界平均水平的一半。每年的能源消耗量约超过能源供给量3%～5%。(3) 促进生态平衡。我国的生物物种数居世界前列,但因生态环境劣化,大量高等植物和野生动物面临灭绝;水土大量流失;原始生态林年减0.5万平方公里;土地沙漠化速度年增2000平方公里以上。(4) 控制环境污染、优化环境。我国每年为治理污染投入的资金约达GDP的0.7%～1.0%。据估计,中国每年因环境污染造成的损失超过1000亿元,自然灾害造成的损失高达国内生产总值的3%～5%。

为了更好地实现人类的可持续发展,在环保意识日益增强的背景下,绿色材料被提出,绿色材料应具有良好的性能或功能,消耗较少的资源和能源,同时对生态和环境污染少,具有较高的再生利用率,都与生态环境相协调。绿色材料设计不是局限于"末端治理"型环境保护,而是在物质的整个生命周期中都贯彻环保思想。环境意识已经渗透到新材料的研究开发、加工制备和使用的各个过程中。设计生态绿色环境材料可以减少原材料和能源的损耗、资金的投入、环境污染,提高工作环境的舒适性、安全性和企业的综合经济效益。毫无疑问,发展绿色材料有利于实现人类的可持续发展。

4. 绿色材料的战略意义

随着各国环保意识的增强,绿色材料已成为人们关注的热点。中国自改革开放以来,就在绿色材料方面做了许多的工作。十八届五中全会提出,要想在2020年实现全面建成小康社会的目标,需要坚持绿色发展,必须坚持节约资源和保护环境的基本国策,坚持可持续发展,坚定走生产发展、生活富裕、生态良好的文明发展道路,加快建设资源节约型、环境友好型社会。促进人与自然和谐共生,构建科学合理的城市化格局、农业发展格局、生态安全格局、自然岸线格局,推动建立绿色低碳循环发展产业体系。加快建设主体功能区,发挥主体功能区作为国土空间开发保护基础制度的作用。推动低碳循环发展,建设清洁低碳、安全高效的现代能源体系,实施近零碳排放区示范工程。全面节约和高效利用资源,树立节约资源循环利用的资源观,建立健全用能权、用水权、排污权、碳排放权初始分配制度,推动形成勤俭节约的社会风尚。加大环境治理力度,以提高环境质量为核心,实行最严格的环境保护制度,深入实施大气、水、土壤污染防治行动计划,实行省以下环保机构监测监察执法垂直管理制度。筑牢生态安全屏障,坚持保护优先、自然恢复为主,实施山水林田湖生态保护和修复工程,开展大规模国土绿化行动,完善天然林保护制度,开展蓝色海湾整治行动。十八届五中全会规划的提出,是以马克思列宁主义、毛泽东思想、邓小平理论、"三个代表"重要思想、科学发展观为指导,深入贯彻了习近平总书记系列重要讲话精神，同时，也是围绕中国全面建成小康社会的奋斗目标而制定的。在我国举行的"一带一路"国际合作高峰论坛上，习近平主席指出，我们要践行绿色发展的新理念，倡导绿色、低碳、循环、可持续的生产生活方式，加强生态环保合作，建设生态文明，共同实现2030年可持续发展目标。中国的这些举措，都在强调一个问题：在保持经济平稳增长的同时，需要坚持绿色发展。绿色材料作为绿色发展的重要一环，有着不可替代的作用。因此，发展绿色材料，有助于实现人类的可持续发展，实现国家经济的平稳增长。

二、生物质材料的研究与应用

1. 生物质材料的分类

发展绿色材料能够有效地减少资源和能源的消耗，降低对生态和环境的危害，有利于人类的健康。因此，发展绿色材料成为重中之重。随着人类对物质与资源日益增长的需求，生物质材料渐渐地吸引了各国的目光。生物质材料指生物利用大气、水、土地等，通过光合作用而产生的各种有机体，即一些有机物质，这些有机物质有生命且可以生长，通过物理、化学和生物等高技术手段处理这些有机物质，可加工制造出性能优异，高附加值的材料，使之成为生物质材料。生物质材料来源于生物质，因此，具备了生物质优良的特点。生物质包含碳、氢、氧等元素，与常规的矿物能源如石油、煤是同类；通常情况下，生物质是一种有机物质，当受到外部条件，比如光、热、微生物等作用，分解生成水、二氧化碳以及热能，是一种对环境无害的物质。另外，生物质是一种可再生的能源，能够在一定程度上缓解依靠石油、煤、天然气等化石能源发展起来的化工工业的需求。可以采用一定的技术，将生物质制备成各种各样的生物质材料，可以满足社会上各种产品对于绿色材料的需求。

地球上存在最广泛的物质是生物质，包括动物、植物、微生物。广义上的生物质包括所有的植物、微生物以及以植物、微生物为食物的动物及其生产的废弃物。狭义上，生物质是指在农林业生长过程中产生的木质纤维物质，例如稻草、树木和农产品（谷物和水果除外）、农业废物和禽畜粪便，以及畜牧业生产中产生的废物。这些不同种类的生物质可以制备出不同种类的生物质材料。因此，按照制备生物质材料的来源的种类，可以分为植物基、动物基、微生物基生物质材料。

植物基生物质材料是指由植物衍生得到的生物质材料或者直接利用其具有细胞结构的植物本体作为材料。常见的植物衍生物得到的生物质材料有纤维素、木质素、半纤维素、淀粉、植物蛋白、果胶、水聚糖、魔芋葡甘聚糖、果阿胶、鹿角菜胶等；直接具有细胞结构的本体实际上是由上述植物衍生物的生物质“复合”组成的复合材料，诸如木材、秸秆、麦秸、玉米秸等作物秸秆以及藤类、树皮等。

动物基生物质材料是指由动物衍生物得到的生物质材料或者直接利用具有细胞结构的动物的部分组织作为材料。常见的由动物衍生得到的生物质材料有甲壳素、壳聚糖、动物蛋白、透明质酸、紫虫胶、丝素蛋白、核酸、磷脂等；直接利用具有细胞结构的动物组织如皮、毛等。

微生物基生物质材料是指通过微生物的生命活动合成出的一种可降解的聚合物，主要有出芽霉聚糖、凝胶多糖、黄原胶、聚羟基烷酸酯、聚氨基酸等。

大自然每年大约会生产 1 600 多亿吨生物质，我国目前大约每年产 14 亿吨的农林生物质、25 亿吨禽畜便及大量有机废弃物，此外还有不宜耕农田可用于种植生物能源植物一亿多公顷。美国科学院提出，至 2020 年生物质化工对非生物质化工的取代率可以达到 50%，然而，目前只有部分的生物质可以通过生态技术和经济合理的方式得到利用，除少量生物质用于农村家庭燃料或者饲料和工业上外，绝大多数生物质被露天焚烧、填埋，或直接丢弃在外进行生物降解，因此，将生物质采取一定的技术转化生物质材料是一种有效的开发手段。

2. 植物基生物质材料——纤维素

纤维素是地球上最古老和最丰富的植物基生物质材料之一。据估计，地球上的植物产生了 2 600 亿吨纤维素，自然形成的生物体的 40%～50%的碳是纤维素。植物细胞壁的主要成分是纤维素，常伴有半纤维素、木质素、树脂等。生长有纤维素的植物是维管束植物和地衣植物，然而，纤维素并非植物所独有。在一些动物的藻细胞壁中也发现了它的存在，比如醋酸细菌的胶囊和尾状动物的背囊。

植物作为纤维素的主要生长源，绝大多数植物都长有一定量的纤维素，其中纤维素含量最高的是棉花，达到 90%；其次是一些双子叶植物的韧皮部，含量在 60%～85%；再次为木材，含量在 40%～47%；草本植物的纤维素含量普遍较低，仅占 10%～25%，但在小部分草本植物中纤维素的含量较高，如竹材料、芒秆、芦苇、龙须草、蔗渣和麦草，它们的纤维素含量都高于 40%。

纤维素是一种天然的有机高分子，在分子结构上含有连接葡萄糖剩基的苷键和葡萄糖剩基上的三个自由基羟基。除燃烧外，几乎所有的化学反应都与这两个化学基团相关。因此，有关纤维素的研究主要有以下几个方面。

(1) 纤维素酯：根据酯化剂的种类，纤维素酯可分为纤维素无机酸酯和纤维素有机酸酯。纤维素无机酸酯是指纤维素与硝酸、硫酸、磷酸、黄原酸等无机酸或酸酐反应生成的酯。而纤维素有机酸酯是纤维素与有机酸或酸酐等有机酯化剂合成的酯类。目前，纤维素无机酸酯主要有纤维素硝酸酯、纤维素黄原酸酯、纤维素硫酸酯等。纤维素有机酸酯可分为纤维素酰基酯、纤维素氨基甲酸酯、纤维素磺酸酯和纤维素脱氧卤化物四种有机酯，其中最重要的是纤维素酰基酯。

纤维素酯已传统地用于制作涂料、薄膜、塑料和纤维，是很多功能性物品（无机材料、药品、酶等）的极好载体。作为重要的溶剂型涂料，已有超过 50 年的历史，用于涂料时，纤维素酯可以改善其色泽的光亮度、清晰度、润湿特征、流动性能、均匀性等，并能够调节其干燥时间、减少缺陷、增强成膜剂的相容性、控制黏度和分散性等。在指甲油等化妆品中，可改进配方控制其厚度、黏性，调节颜料的分散性。由于纤维素酯的安全性、易改性和易加工等特点，在药物释放领域也得到较多的应用，可以控制药品成分的释放，使不同配方可按照要求的时间进度持续释放，或者使药品吃起来没有苦的味道。基于纤维素酯的众多优良性能，例如良好的力学性能、光学性能、易得性、安全性和可生物降解性，它被广泛用于热塑性塑料、生物膜、分离膜、吸水材料、保水材料、胶卷胶片等。除此之外，纤维素酯可与许多种添加剂、混合物材料相配合，增强材料的选择透过性。

(2) 纤维素醚：纤维素醚是由基本纤维素与醚化剂在一定条件下反应生成的一系列具有醚结构的物质的总称。纤维素醚产品较多，性能优良，广泛应用于建筑、水泥、石油、食品、纺织、洗涤等行业中。根据取代基的化学结构分类，可分为阴离子型、阳离子型和非离子型醚类。随所用醚化剂的不同而有甲基纤维素、羟乙基甲基纤维素、羧甲基纤维素、乙基纤维素、苄基纤维素、羟乙基纤维素、羟丙基甲基纤维素、氰乙基纤维素、苄基氰乙基纤维素、羧甲基羟乙基纤维素和苯基纤维素等。羟甲基纤维素主要应用于石油的开采中，在制造泥浆时使用，起增黏、降失水量作用，能够抵抗各种可溶性盐的污染，提高采油率。羟乙基纤维素是一种很好的钻井泥浆处理剂和配制完井液的材料，具有造浆率高，抗盐、抗钙性能好等特点。在建筑工业，羟甲基纤维素被用于建筑用筑砌和抹面砂浆掺合料，作为絮凝剂、保水剂、增稠剂等。甲基纤维素被用于制作环保型建筑表面装饰材料。在涂料工业，甲基纤维素和羟乙基纤维素被作为乳胶涂料的稳定剂、增稠剂和保水剂，还可以作为彩色涂料的分散剂、增稠剂和成膜剂等。在纺织工业，纤维素醚可作为纺织浆料的上浆剂、匀染剂和增稠剂等。

(3) 纤维素的物理改性：利用纤维素结构上的功能基团的反应，虽然能够赋予纤维素独特的性能，但是制备技术的高要求一直是一个问题。纤维素与有机高分子或无机材料共混是一种常用的方法。纤维素与有机聚合物的混合可分为与合成高分子混合及与天然聚合物混合。合成聚合物包括聚酰胺、聚酯、聚乙烯醇、聚乙二醇、聚丙烯腈、聚氧乙烯、聚乳酸等。这使得最终复合的聚合物能够保持纤维素的生物降解性，它也具有人造包装材料的优良性能。天然高分子材料有甲壳素、海藻酸钠、蛋白质、魔芋葡甘聚糖。纤维素与甲壳素的共混，使得混合材料具有优良的力学性能和抗菌性能，在合适的共溶剂中实现纺丝。纤维素与海藻酸钠进行共混使得共混材料的吸附性进一步的提高，制备的膜具有良好的渗透性能。纤维素与无机材料结合制备复合材料是另一种改性方式，无机材料包括纳米碳酸钙、纳米二氧化硅、蒙脱土等，制备的复合材料除了具有更突出的力学性能，还具有一些抗菌、选择吸附等特殊性质。

3. 植物基生物质材料——淀粉

淀粉是自然界植物体内存在的一种资源丰富的天然高分子化合物，是绿色植物进行光合作用后的产物，植物以叶绿素为催化剂，通过光合作用将二氧化碳和水合成葡萄糖，再将葡萄糖经过各种生物化学反应，最终生成淀粉等多聚糖，从而将光能转化成化学能，以碳水化合物的形式储藏在植物体内。

天然淀粉分布非常广泛，其主要存在于高等植物的根、块茎、籽粒、果实、叶子中。其种类繁多，一般按照来源可分为以下几类：禾谷类，主要包括玉米、大米、大麦、小麦、燕麦和黑麦等；薯类，在我国以甘薯、马铃薯和木薯为主；豆类，主要有蚕豆、绿豆、豌豆和赤豆等；其他，在一般植物的果实（如香蕉、芭蕉、白果等），茎髓（如西米、豆苗、菠萝等）中含有淀粉。此外，一些细菌、藻类中也含有淀粉或糖原。

从近些年来看，生物降解塑料得到世界工业国家的重视，尤其是原料来自可再生资源或产业废气的一些生物降解塑料。据报道，目前有几十种可生物降解的塑料可以大规模生产和工业化生产。主要产品有微生物发酵合成的聚羟基脂肪酸酯、化学合成的聚乳酸、聚己内酯、二元醇二羧酸脂肪族聚酯、脂肪族芳香族共聚酯、聚乙烯醇、天然高分子淀粉基塑料及其生物学各级塑料共聚物、塑料合金等。其中，淀粉基材料以其来源丰富、可再生、良好的生物可降解性和可加工性以及实用、价廉、方便等特点，已经成为当今材料领域的研究热点之一。

（1）全淀粉塑料（热塑性淀粉塑料）

由于淀粉分子内和分子间的氢键较强，其玻璃化转变温度和熔融温度高于其分解温度(225℃～250℃)，不能直接用作合成塑料。但是，添加一定量的增塑剂可以减弱淀粉分子间的氢键，大大降低其玻璃化转变温度和熔融温度，从而实现热塑性淀粉的加工。

淀粉分子是变构的，无序的，将淀粉进行改性，形成热塑性淀粉树脂后，然后加入非常少量的增塑剂和其他添加剂，就是所谓的全淀粉塑料。全淀粉塑料的淀粉含量在90%以上，加入的少量增塑剂和添加剂也是无毒的，可以完全降解，所以整个淀粉塑料实际上是完全降解的塑料。此外，几乎所有的塑料加工方法都可以用来加工淀粉塑料。热塑性淀粉塑料的力学性能直接与增塑剂的含量有关。以马铃薯淀粉为例，以甘油和水为增塑剂，通过反应挤出淀粉。当试样含水量小于9%～15%时，材料表现出良好的韧性和较高的断裂伸长率，随着含水量的进一步增加，材料的强度和断裂伸长率明显降低。此外，热塑性淀粉塑料的力学性能与淀粉来源密切相关。例如，玉米淀粉比马铃薯淀粉更容易被水塑化，直链淀粉含量高。除了甘油可以作为淀粉增塑剂外，还有山梨醇、乳酸钠、尿素、乙二醇、二甘醇等。淀粉增塑效果不同主要是因为所使用增塑剂的不同。

完全生物降解塑料是全淀粉塑料，是目前国内外认为最具发展前景的淀粉塑料。日本住友商事公司、美国 Warner - lambert 公司和意大利的 Ferruzzi 公司研制出淀粉质量分数为90%～100%的全淀粉塑料。产品可在一年内完全降解，不留任何痕迹，无污染，可用于制作各种容器、薄膜和垃圾袋。德国巴特尔研究所(Battllc Institute)使用直链含量很高的改良豌豆淀粉制成可降解塑料，可以用传统方法加工成型，在潮湿的自然环境中完全降解，可以替代聚氯乙烯。

(2) 共混淀粉塑料

淀粉共混塑料是淀粉以颗粒化形式与合成高分子或者其他天然高分子通过物理共混加工而成的淀粉塑料。共混塑料可分为：淀粉与聚烯烃共混、淀粉与天然高分子共混、淀粉与可降解合成高分子共混。

淀粉与聚烯烃的共混是将具有可降解性质的淀粉与像聚乙烯、聚丙烯、聚苯乙烯、聚氯乙烯等非生物降解材料采用共混的加工方式混合，为了提高材料之间的相容性，往往需要加入一定的相容剂促进两种材料的混合。目前，通过物理共混制备的淀粉塑料已有多种产品推向市场，如加拿大的 StLawrence 公司用硅烷处理淀粉后，添加少量不饱和脂肪酸，与高密度聚乙烯、低密度聚乙烯、聚乙烯等共混制备 Ecostar 生物可降解母料；美国 Ampacet 公司采用未处理的淀粉通过添加相容剂及助降解剂制成 Poly Grad I 母料。我国的淀粉塑料首先是由江西省科学院研制成功。目前,国内的研发单位有北京降解塑料研究中心、中科院长春应用化学研究所、北京华新淀粉降解制品有限公司、华南理工大学、天津大学、广西大学等。他们的研究成果主要集中在将淀粉或变性淀粉加入聚乙烯中制备成塑料地膜、薄膜以及垃圾袋,或将聚氯乙烯与淀粉共混制备降解薄膜、包装袋等。

淀粉与天然高分子共混是将淀粉与纤维素、半纤维素、木质素、果胶、甲壳素、蛋白质等天然高分子混合,制备完全降解的淀粉基材料,是一种全天然的生物材料。现在,荷兰的研究人员正在将小麦、玉米和马铃薯淀粉与大麻纤维素混合,制成可生物降解的塑料,用于包装、涂层、食品储存箱、购物袋和农用白色薄膜,该薄膜可完全溶于水,最终降解为水和二氧化碳。日本细川等人将机械粉碎淀粉细颗粒与壳聚糖溶液共混,并加入增塑剂、增强剂、发泡剂等,用流延法制备薄膜。在国内,王西辰等人将阳离子淀粉和交联变性淀粉与纤维素、聚乙烯醇和轻质碳酸钙混合制成可生物降解的纸张。该材料可用于制备各种泡沫塑料制品的零食盒和包装材料。目前我国在这一领域的研究与国外还有相当大的差距,而且产品由于成本高,机械强度差,还难以推广应用。

淀粉与可生物降解聚合物及一些耐水性较好的脂肪族聚酯(聚乳酸、聚己内酯、聚羟基烷基聚酯、聚丁二酸、己二酸乙二醇酯共聚物、聚酯酰胺、聚羟基酯醚等)共混,研究较多的是聚己内酯与淀粉的混合体系。其已有商品化的产品,如 Novamont 公司的 Mater - BTM 的 Z 系列产品;日本地球新技术研究所开发了由聚己内酯和凝胶淀粉共混制备的生物可降解塑料,凝胶淀粉具有可塑性,在加入增塑剂后再与聚己内酯混合加工相容性更好,制备具有更好的力学性能的共混塑料,并且可以实

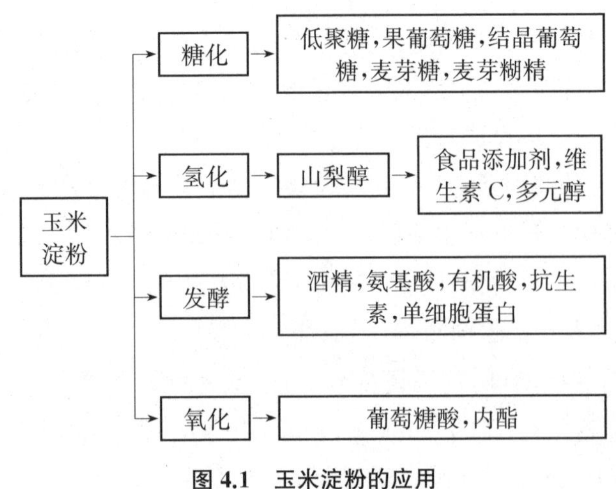

图 4.1 玉米淀粉的应用

现完全生物降解。我国的牟立此等先制备淀粉接枝的己内酯，再以此作为相容剂与聚酯酰胺、淀粉进行三元共混，利用扫描电子显微镜、电子能谱仪等分析手段研究了共混材料的相容性变化，发现接枝己内酯的淀粉作为相容剂能够大幅度提高聚酯酰胺和淀粉的相容性，其接枝率越高，添加量越大，三元共混物的相容性越好。

4. 动物基生物质材料——甲壳素

甲壳素又称甲壳质，是虾、蟹等甲壳动物和真菌细胞壁的主要成分，广泛存在于虾、蟹、昆虫、真菌和植物的茎和叶中。甲壳素是自然界中含量最丰富的三种多糖之一，也是地球上含氮化合物最丰富的化合物之一。因此，在医药卫生、食品饮料、农业生产、水处理、化妆品、轻化工、纺织、印染等行业有着巨大的应用潜力。

甲壳素化学名称为 1,4－二－乙酰氨基－2－脱氧－D－葡聚糖，相对分子质量在一百万左右，是 N－乙酰－2－氨基－2－脱氧－D－葡萄糖以 β－1,4－糖苷键形式连接而成的多糖。甲壳素的结构与纤维素非常相似，只是 2 位上的－OH 基被－NHAc 置换。由于甲壳素分子中－O－H…O 型及－N－H…O 型强氢键作用，分子间存在有序结构，使结晶质密稳定，因而一般反应较纤维素更困难，成本更高一些。壳聚糖是甲壳素在碱性条件下脱去 55%以上 N－乙酰基的产物，相比甲壳素，壳聚糖水溶性更好，扩大了它的使用范围。

甲壳素/壳聚糖及其衍生物资源丰富，价格低廉，具有许多优越的性能、易成膜成纤、良好的吸附性能和螯合能力等，尤其是具有固有的生物活性、生物相容性、生物可降解性、安全无毒、可食用等性能，更是许多合成高分子所无法比拟的。

(1) 在造纸工业中的应用

甲壳素/壳聚糖衍生物在造纸中的应用较早，也颇为广泛，主要用作增强剂、助留助滤剂、表面施胶剂、施胶增效剂、造纸废水絮凝剂、功能纸助剂等。

壳聚糖与纤维素结构相似，除含有大量羟基外，还含有氨基，与纤维素上的羟基、羧基等结合形成氢键和离子键，可提高纸张纤维间的结合力，具有纸张增强作用。壳聚糖在酸性介质中发生质子化，成为阳离子聚电解质，可直接作为絮凝剂用于纸料的聚集，提高纸料的留着与滤水性能；经季铵化反应或与阳离子聚丙烯酰胺接枝后，分子质量和碱性条件下的电荷密度均提高，对纸料的吸附、桥接作用也随之提高，可用作各种抄纸体系的助留助滤剂。壳聚糖具有一定的阳离子性和良好的成膜性，所形成的膜强度较高、渗透性较好，并且具有较稳定的抗水性，因而可替代聚乙烯醇用作表面施胶剂。甲壳素/壳聚糖衍生物还可以用作功能纸的助剂。例如，用壳聚糖醋酸溶液对电容器纸进行表面处理，可以显著提高电容器纸的电阻率，用氰乙基壳聚糖对纸进行表面改性，可以显著提高纸的耐水性、击穿强度、耐电阻率和耐破度，通过甲壳素和纤维素的水解改善纸的绝缘性能，在复印纸上涂覆壳聚糖，可以显著提高纸的抗静电性能。

(2) 在食品工业中的应用

甲壳素和壳聚糖是无毒、安全的天然食品添加剂，已被国际纯粹与应用化学协会高分子组认可。在日本，甲壳素和壳聚糖占食品工业总用量的70%。甲壳素/壳聚糖及其衍生物在食品领域的应用主要集中在液体处理剂、食品添加剂、功能性食品、抑菌保鲜剂等方面。

甲壳素可作为许多液体产品或半成品的除杂处理剂和脱酸剂，主要是利用甲壳素/壳聚糖的吸附和絮凝性能。作为处理剂可降低液体中总固形物含量、从废水中回收蛋白质、饮用水的净化、饮料及酒类的澄清等。壳聚糖溶液作为阳离子絮凝剂，不但能絮凝果汁果酒中的胶体微粒，还能螯合金属离子，因而经过滤就能得到清亮的、稳定性很好的产品。同时壳聚糖还能吸附结合果汁果酒中的有机酸和杂酚类物质，从而改善其口感。

将壳聚糖悬浮于水中剧烈搅拌，可以形成均匀的凝胶状物质，将其加入食品中，不但能起增稠、稳定和抑菌保鲜的作用，而且还可以改变食品的风味，起到与常用调味品(如味精)不同的效果。壳聚糖与酸性多糖反应生成壳聚糖络盐，此络盐呈肉状组织纤维，可作为组织形成剂，与猪肉、牛肉、鱼和禽肉等混合，制成优质和低热量的填充食品，不但具有保健功能，提高机体免疫力，排除多余脂肪防止发胖，而且还特别适合高甘油三酯、高胆固醇患者食用。

(3) 功能食品

壳聚糖有许多保健功能，如减肥、降血甘油三酯、降胆固醇、强化肝脏功能、调节肠内微生物群、补充微量元素、排除体内毒素、清洁口腔保护牙齿等。此外，将壳聚糖螯合锌、铁等金属离子后，添加到食品中，可作为微量元素补充剂使用。

(4) 抑菌和保鲜剂

壳聚糖由于可以形成半透膜而能改变内部大气压与减少水果的呼吸损失，从而延迟水果的成熟及腐烂变质，因而可用于肉类和果蔬的保鲜、防腐作用。例如，将壳聚糖溶液喷洒在肉类和果蔬(如番茄、猕猴桃等)表面，干燥后可在表面形成一层透明的可食用壳聚糖薄膜。由于这层膜独特的物理性能和生物性能，可在一定程度上起到保鲜的效果。

(5) 在环境保护中的应用

甲壳素/壳聚糖及其衍生物在环境保护方面的应用主要概括为两个方面：作为絮凝剂和作为重金属螯合剂。当作为絮凝剂时，壳聚糖分子链上由于分布着大量的游离的羟基和氨基，在一些稀溶液中氨基很容易发生质子化，从而使得壳聚糖分子链上带有大量的正电荷，成为一种可溶性的聚电解质，其具有阳离子型絮凝剂的作用。当使用甲壳素/壳聚糖衍生物作为净水剂时，不但能够有效地除去水中的悬浮无机固体物质，还能够除去一些有害的极性有机物(如农药、表面活性剂等)，并且用量少，效果快，是一类理想的絮凝剂。当作为重金属螯合剂时，壳聚糖由于对金属离子具有很强的吸附能力。因此，可以作为盐溶液、天然水、海水、含盐工业废水等富集过渡金属离子的螯合剂，从而降低污染，回收贵重金属。

(6) 在医药卫生方面的应用

甲壳素/壳聚糖及其衍生物最引人注目的功能是其生物学功能，这些功能涉及增强免疫、延缓衰老、增强排毒、生理调节等，故被称为"人体免疫卫士"；日本和欧美医学界还将其誉为继糖、蛋白质、脂肪、纤维素和矿物质五大生命要素之后的"第六生命要素"。

(7) 在化妆品中的应用

保湿剂是化妆品中最重要的成分之一，无论是护发还是护肤，保湿剂都不会少。透明质酸是目前公认最好的保湿剂，是从牛眼、鸡冠、人的脐带等特殊原料中提取的，近年也有从某些细菌(如马链球菌)中提取。但由于资源和提取工艺的限制，这种天然保湿剂的价格非常昂贵。甲壳素/壳聚糖的羧甲基衍生物具有突出的水溶性、稳定性、保湿保水性、成膜性、调理性、胶凝性、乳化性、增稠性、润肤性、固发和抗菌性，并且无毒无副作用，可以代替透明质酸用于化妆品中，并且其还具有透明质酸所不具备的抗菌性。作固发剂时，成膜硬度适中，不发黏，具有抗静电作用、抗氧化性和抗光老化性，并且具有很好的梳理性，对稀、软、易悬垂的头发尤为有效。在洗发香波中加入壳聚糖，可明显改善头发的梳理性，使头发具有光泽。在牙膏、牙粉、漱口剂、口香糖等中加入壳聚糖，还具有防龋抑菌、预防牙周溃烂等功效。

(8) 在农业中的应用

甲壳素/壳聚糖可以作为鸡饲料添加剂、鱼饵料添加剂以及饵料黏合剂等，也可以通过分析甲壳素含量的变化来确定霉菌侵害仓储粮食的程度。壳聚糖作为粮食、蔬菜作物(如棉花、玉米、小麦、萝卜等)的种子处理剂，可激发种子提前发芽，促进作物生长，提高抗病能力，从而提高粮食和蔬菜产量。另外将甲壳素、壳聚糖加入土壤中，或者用甲壳素溶液对蔬菜进行喷洒，也能提高蔬菜的产量。种子经壳聚糖处理后，表面形成一层保护膜，不仅能透气、保水，还能促进土壤中放线菌及其他一些有益微生物的生长，因此具有改善土壤性质的作用，可以用作液体土壤改良剂。甲壳素还可以作为生物农药和农药载体，把农药键合到高分子链上，为生产低毒、高效农药开辟新路。此外，壳聚糖作为一种含氮高分子化合物还可以作为缓慢释放的"固氮"基质被植物直接吸收，或者通过微生物作用氧化成硝酸盐而被植物吸收。

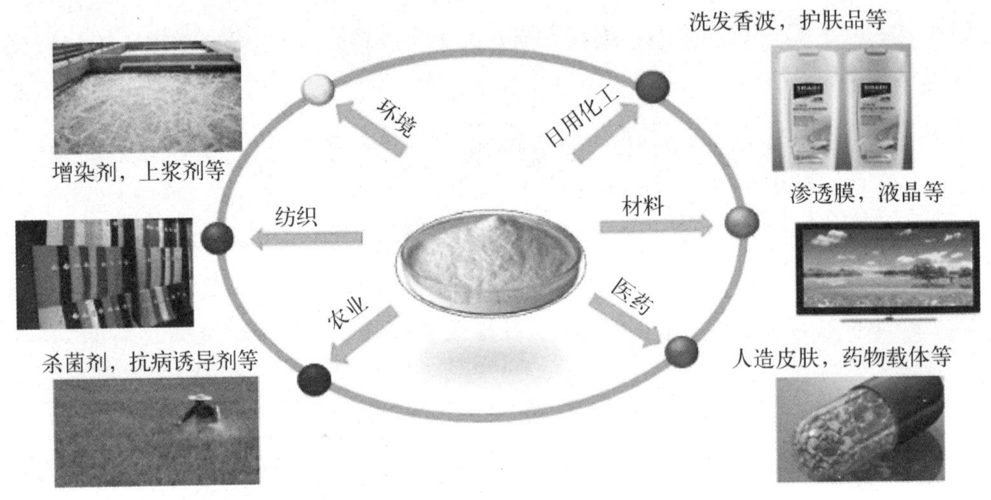

图 4.2 甲壳素的应用

5. 微生物基生物质材料——聚乳酸

目前，聚乳酸由于可生物降解，原料来源丰富，是一种理想的绿色高分子材料，越来越受到社会的关注。聚乳酸又名聚丙交酯，是以乳酸为主要原料聚合得到的聚合物，乳酸是一种含有一个羟基和一个羧基的小分子，生产的方法主要分为两种：化学法和微生物发酵法生产。化学法是采用石油为基础原料，经过一系列的合成，最终合成乳酸。虽然这种方法可行，但是对于如今石油日益紧张的今天，这种方法合成乳酸不是一种理想的方式，另外，化学法合成的聚乳酸只能够得到消旋的 DL-乳酸。发酵法制备的聚乳酸是通过微生物将糖经过乳酸脱氢酶发酵而成，这种方式采用糖为基础原料，而糖在自然界中可以通过农作物（玉米、小米、甜菜等）提取，是一种可再生原料，另外，这种方法能够合成具有旋光性的 D-乳酸和 L-乳酸。因此，采用发酵法合成乳酸分子越来越受到关注。单纯的乳酸小分子用途不是很大，但是，将乳酸经过聚合后制备的聚乳酸有着巨大的应用前景。

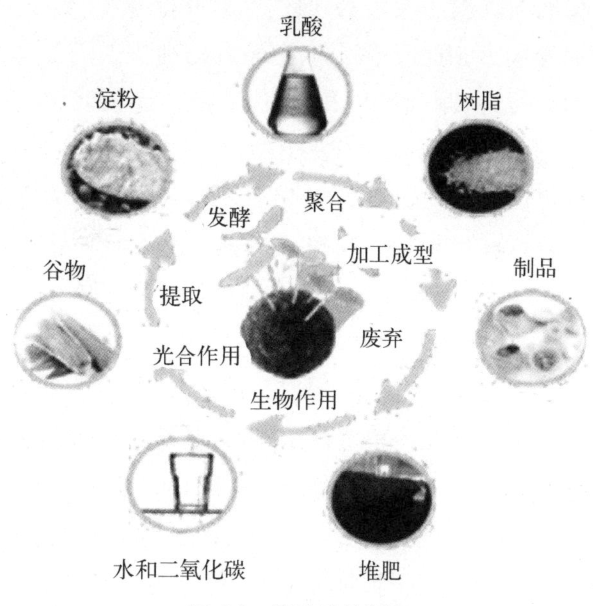

图 4.3　聚乳酸的制备

(1) 生物医药材料

由于其生物相容性和生物降解性，聚乳酸在早期医学中被用作手术缝合线。它可以自动降解和被人体吸收，伤口愈合后不需要第二次手术。聚乳酸有很强的初始抗拉强度和吸收性能，可以有效地控制聚合物的降解速率，随着缝合的伤口愈合，聚乳酸逐步实现降解。此外，聚乳酸及其衍生物也作为药物控制释放载体。一般，可降解聚合物药物载体的半衰期较短，稳定性差，容易退化和有大的副作用，聚乳酸及其衍生物作为药物释放载体提高了药物的生物利用度，减少药物对身体的毒性和副作用，尤其是对肝脏和肾脏。聚乳酸药物载体可分为两种：一种是聚乳酸制成药物胶囊，另一种是利用微包膜制备药物酶制剂、生物制品颗粒和微球制成的胶囊膜。

(2) 食品包装材料

聚乳酸作为食品包装材料有其独特的优势，完全可以取代传统的包装材料，其独特的环保性在包装材料的未来发展中发挥着重要作用。聚乳酸材料具有光洁的表面和较高的透明度，因此可以在食品包装应用领域同聚苯乙烯和聚对苯二甲酸乙二醇酯竞争。聚乳酸目前已经应用于如水果蔬菜、鸡蛋、熟食和烘烤食品的硬包装。聚乳酸薄膜正在用于三明治、饼干和鲜花等商品的包装上。还有将聚乳酸吹塑成瓶子用于包装水、汤、食品和食用油等方面的应用。

聚乳酸具有良好的机械性能和物理性能，适用于吹塑、热塑性塑料等加工方法，加工方便，可用于加工各种塑料制品、包装食品和快餐午餐盒，从工业到民用。聚乳酸具有良好的耐湿性、耐油脂性和黏度，在室温下稳定，但在55℃以上或在氧气和微生物的作用下会自动分解。使用后，可被自然界中的微生物完全降解，最终产生不污染环境的二氧化碳和水，有利于环境保护。聚乳酸的分解分为两个阶段：首先是纯化学水解为乳酸单体，然后乳酸单体在微生物的作用下分解为二氧化碳和水。

(3) 纤维及纺织物

通过熔融纺丝或溶液纺丝生产得到的聚乳酸纤维可作为纱织物、编织物、非织造布等。这种纺织物具有可染性和生物相容性，制成的织物具有丝般的光泽和手感，不刺激皮肤，对人体健康，有优异的悬垂性和很好的滑爽性，穿着舒适，尤其适合做内衣和运动衣。在日本，已经有背心等服装及食品包装袋等问世。日本钟纺和岛津制作在1994年已经合作开发了名称为Lactron的聚乳酸纤维。上海同杰良生物材料公司于2010年开发出世博专用聚乳酸环保无纺布袋。

(4) 工程塑料

传统的塑料比如聚乙烯、聚丙烯、聚氯乙烯等由于不易于生物降解，限制了它的发展。然而，聚乳酸由于优良的生物降解性，降解后为二氧化碳和水，对环境无污染，正被广泛地应用作为工程塑料。日本富士通2004年开发出以玉米为主原料的分解性塑料制成的环保笔记型计算机基体。韩国三星公司在2009年和Sprint联合发布了一款名为Reclaim的手机，这款手机由聚乳酸塑料与回收的传统塑料结合制备而成。

三、面临的机遇与挑战

1. 绿色材料的优越性

为什么绿色材料能够吸引各国的广泛研究？因为绿色材料具有独特的优越性：绿色材料是一种可再生资源，绿色材料来源于大自然，是将大自然现有的物质采用节能环保的加工方式制备的一种能够用于制备产品的材料。这种现有的物质不会像煤、石油、天然气那样在使用后不可再生，能够在一段时间后再次产生，再次制备成绿色材料，可以说，绿色材料实现了“取之不尽用之不竭”的目标。绿色材料在采集、制备以及制备后的产品的整个过程中保证环保健康是它另一个优点。传统的材料在这个过程中常常会有大量的废气、废水、废杂的产生，极大地污染了环境以及危害了人类的健康。而绿色材料原料采集简单，降低了技术的制约；并且在加工及制备成产品过程中，能够最大限度地降低三废的产生，从而减少了资源的浪费；在产品使用过程中，能够尽可能地不给人类造成伤害；在使用的后期，废弃的产品在自然环境中能够实现降解，因此，环保健康是绿色材料的一个重要的特点。在资源需求日益紧张的今天，如何实现资源的循环成了我们需要考虑的一个重要问题。对于一些可循环使用的绿色材料，可以回收进行再利用，实现了绿色材料的可循环，对于不能够可循环使用的绿色材料，在自然界中能够实现降解，减少对环境的污染，分解后的物质再进入自然界再次被自然界的生物吸收，最终实现自然界的生态循环。毫无疑问，绿色材料是 21 世纪最受青睐的材料之一。

2. 绿色材料面临的问题

目前，绿色材料虽然取得了快速的发展，但是还是存在一些问题，其中，成本问题和技术问题仍然是发展绿色材料的两个主要的障碍。绿色材料采用新工艺、新技术，因此，这无形中增加了绿色材料的成本，使得大多数绿色材料制备的产品的价格普遍高于非绿色材料制备的产品的价格。表 4.1 显示印刷领域应用绿色材料的原材料成本统计。从该表可见，印刷配件的环保印刷原材料的价格可能较一般印刷原材料高，而最终产品的价格亦远高于一般印刷原材料。虽然绿色材料的产品存在成本问题，但只能限制其在市场上的推广。为了更好地推广绿色材料的使用，国家出台了相应的政策，鼓励企业使用绿色材料来制作产品。在建筑领域，为了提高建筑能效，促进可再生能源在建筑领域的应用，德国联邦政府和地方政府出台了一系列激励性补贴政策。其中德国复兴信贷银行(KFW)专门为推广绿色材料在建筑方面的使用出台了许多自主计划，当采用绿色材料建造的建筑达到 EnEv－2009 德国节能标准 100(KFW100)的基本要求，以及达到 KFW85 标准，每套 150 m^2的建筑改造完成后，联邦和地方政府各奖励 5 250 欧元，共计 10 500 欧元(奖励标准为 70 欧元/m^2)。达到 KFW55 标准的建筑，每套 130 m^2的建筑在改造完成后，联邦和地方政府各奖励 15 700 欧元，共 31 400 欧元奖励标准为(241.5 欧元/m^2)。为了更好地鼓励绿色材料在建筑上的应用，中国也出台了许多政策。表 4.2 所示我国不同省市对采用绿色材料建造的绿色建筑的补贴政策，将绿色建筑分别分为三个标准，当达到了建造的绿色建筑达到相应的标准后，不同省市的政府会根据绿色建筑的补贴标准来进行补贴，从而鼓励开发商采用绿色建材建造绿色建筑。

表 4.1 普通印刷和绿色印刷原辅料价格对比(数据来自科印网)

序号	名称	普通产品价格(元/千克)	绿色产品价格(元/千克)	成本增加额(元/千克)	每令消耗量(千克/令)	每令增加额(元/令)
1	油墨	27.21	33.00	5.79	0.85	4.92
2	上光油	23.76	35.80	12.04	4.07	49.00
3	润滑液	20.14	38.82	18.68	0.18	3.36
4	喷粉	20.00	26.20	6.20	0.13	0.81
5	覆膜胶	13.68	15.75	2.07	3.88	8.03
6	热熔胶	18.82	21.70	2.88	0.24	0.69
7	橡胶布清洗剂	11.71	13.70	1.99	0.17	0.34

表 4.2 不同省市绿色建筑补贴政策(2013 年)(元/m²)(数据来自绿色之窗网站)

省份	一星	二星	三星	资助上限
北京	—	22.5	40	—
天津	—	—	—	5
山东	15	30	50	—
上海		60	60	600(保障性房项目最高可获补贴 1 000 万元)
江苏	15	—	—	—
福建	10	—	—	—
广东	—	25	45	150(二星级)

绿色材料除了存在成本问题外,还存在技术问题,一些绿色材料制备的产品最终的性能比采用非绿色材料制备的产品的性能低。水性涂料是一种以水为溶剂或分散介质的新型涂料。水性涂料具有优良的非黏性和耐久性,被称为新型环保材料。虽然水性涂料在建筑领域的应用越来越广泛,但水性涂料仍然存在一些技术问题。水性涂料在施工过程中要求高的表面清洁度,由于水的高表面张力,当输送管道中的流速快速变化时,分散的颗粒被压缩成固体颗粒,使涂层产生麻点。因此,要求管道形状良好,管壁无缺陷,水性涂料对涂装设备有腐蚀性,应采用防腐衬里或不

锈钢材料。水基涂层对输送管道的腐蚀、金属的溶解、颗粒的扩散、涂层中点蚀的形成以及不锈钢管的使用也是必要的。阴极电泳涂料需在180℃下烘干，乳胶漆需要较长时间才能完全干燥。聚乳酸是一种理想的绿色高分子材料，具有可回收性和可生物降解性，在许多领域得到了广泛的应用。然而，聚乳酸的结构中含有大量的酯键，导致聚乳酸的亲水性差，降低了与其他材料的相容性；另外，聚乳酸的加工难度也是很大的，对设备的要求很高，为了增加加工灵活性，需要加入助剂来改变加工温度。除此之外，制备的产品存在脆性较高的问题，力学性能需要进一步提高才行。因此，如何有效地发展绿色材料，解决现有绿色材料制造过程中的技术问题也是一个重要的方面。

3. 绿色材料未来发展的方向

虽然绿色材料存在一些问题，但是发展绿色材料仍然是现在的主流，在未来，发展绿色材料需要做到三个方面：第一，回收利用，绿色科学技术，降低成本；第二，对于能够回收的材料，进行再回收利用，从而提高材料的回收利用率；第三，对于不能够回收的材料再扔掉。在这方面我们应该向日本学习，日本作为一个岛屿国家，由于自身资源的有限，在材料的回收利用方面只得节俭，垃圾的分类再回收利用在日本一直受到关注，日本的新居浜市将生活垃圾分为以下八大类别：可燃烧垃圾、不可燃烧垃圾、塑料容器和包装、瓶和罐、有PET(聚对苯二甲酸乙二醇酯)标识的塑料瓶、废纸类、有害垃圾和大型垃圾。针对不同的垃圾也分别有详细的投放方法的规定，如可燃烧垃圾、不可燃烧垃圾、塑料容器和包装要装在45升以下透明或半透明的垃圾袋里；瓶和罐以及有PET(聚对苯二甲酸乙二醇酯)标识的塑料瓶则要放到指定的网兜内；而大型垃圾则必须申请上门收集等。另外，先进的制备技术也是发展绿色材料的关键，德国由于制造业的发达，采用先进的机器进行绿色材料的收集和制造。德国有的公司采用先进的压碎机械，将所有废弃木料(树根、树枝基废弃或者难以利用的木料)粉碎成木屑，之后成为木制品(如纤维板等)的原料，从而对木质纤维素进行充分的利用。中国虽然在这方面也有所成就，但是生产企业由于规模小以及技术低，造成被利用的废弃木料比较少，很多被白白浪费。除此之外，对于已经存在的先进的绿色材料制备及加工技术，需要进一步的完善，从而降低材料制造过程中的成本，使其更好地在市场上得到推广。因此，在未来，只要注重这几方面，绿色材料将会取得巨大的发展。

参考文献：

[1] 王秋艳主编：《中国绿色发展报告I》，北京：中国时代经济出版社，2009年。

[2] 高振华,邸明伟:《生物质材料及应用》,北京:化学工业出版社,2008年。
[3] 张丽娜主编:《基于生物质的环境友好材料》,北京:化学工业出版社,2011年。
[4] 张琬茂:《绿色材料及其评价方法研究》,《科协论坛》,2011年第5期。
[5] 郭文静、鲍甫成、王正:《可降解生物质复合材料的发展现状与前景》,《木材工业》,2008年第1期。
[6] 李守泽、李晓松、余建军:《绿色材料研究综述》,《中国制造业信息化》,2010年第11期。
[7] 王国建:《绿色材料与材料绿色化》,《新材料产业》,2008年第7期。

第五章　绿色能源与环境：煤炭清洁高效利用与可持续发展

本章问题

1. 什么是煤炭？煤炭从哪里来？煤炭的功能有哪些？
2. 煤炭利用面临哪些挑战？
3. 煤炭清洁高效可持续利用的内涵指什么？
4. 举例说明煤炭清洁高效利用的途径有哪些？

煤炭是我国的基础能源，在国民经济中具有重要的战略地位。但传统的煤炭开采利用方式已经制约了我国经济的快速发展，由燃煤排放引发的大气污染更为饱受雾霾侵扰的公众所诟病。煤炭清洁高效利用是终结煤炭“环境约束”最有效的方法。

一、煤炭在人类社会发展中的作用

煤炭是地球上蕴藏量最丰富、分布地域最广的化石燃料，主要由有机质、无机质和几十种复杂的煤岩显微组分组成。碳、氢、氧、氮、硫等是构成煤炭有机质的主要元素，其中碳、氢、氧是主体，占95%以上。煤炭中的无机质主要有水分和矿物质，含量很少，它们的存在降低了煤炭的质量和利用价值；矿物质如硫化物、硫酸盐、碳酸盐等是煤炭的主要杂质，其中大部分属于有害成分。

在19世纪前，人们还不能正确解释煤的形成过程，而只能做种种设想。其主要论点有[①]：

(1) 煤是由岩石转化而来的；

(2) 煤是和地球一起形成的，有地球就有煤的出现和存在；

---

① 朱银惠主编：《煤化学》，北京：化学工业出版社，2011年，第6页。

(3) 煤是由植物转变而成的。

煤到底从哪里来？人们长期的生产实践从不同角度给予了证明：发现在煤层中有保存完好的古植物化石和由树干变成的煤；煤层底板多富含植物根化石或痕木化石；在显微镜下观察煤制成的薄片可直接看到原始植物的木质细胞结构和其他残骸；进行人工煤化试验时，可得到外观和性质与煤类似的人造煤。种种迹象表明，煤是由植物转变而成的，并且主要是由陆生植物生成的。具体而言就是，煤是由远古植物残骸没入水中经过生物化学作用，然后被地层覆盖并经过物理化学与化学作用而形成的有机生物岩。

煤炭早期主要用途是直接做燃料使用。现代工业以煤作燃料，可用于发电、生产水泥、钢铁冶炼等，作用很大，但经济效益并不高。煤炭作为原料可通过化学深加工实现各种转化，转化的方法多种多样，其中包括煤的干馏(焦化)、加氢、液化、气化、氧化、磺化、卤化、水解、溶剂抽提等。煤炭还可以直接用作还原剂、过滤材料、吸附材料、塑料和碳素材料等。

中国是世界上发现、开采和利用煤炭最早的国家之一。史料中关于煤炭的记载，最早可追溯到春秋战国时期的著名地理著作《山海经·五藏山经》。该书把煤炭称为石涅。书中记载："女床之山，其阳多赤铜，其阴多石涅"，"岷山之首，曰女几之山，其上多石涅"，"风雨之山，其上多白金，其下多石涅"。女床山、女几山、风雨山，分别在今天的陕西凤翔，四川双流、什邡和四川通江、南江、巴中一带[①②]。

西汉到魏晋南北朝是古代先人开发利用煤炭进一步发展的时期。该时期出现了煤井和相应的采煤技术，煤炭不仅用于生活，还用于冶铁等行业。当时早期称煤炭为石墨，之后又出现了石炭这一名称，到了南北朝时期，称煤为石炭才普及。北魏地理学家郦道元在《水经注》中曾转引《西域记》的记载："屈茨北二百里有山，夜则火光，昼日但烟，人取此山石炭，冶此山铁，恒充三十六国用。"[③]屈茨是一地名，在今天的新疆库车县一带。说明早在 1 500 多年前，我国的采煤业及用煤炼铁业已相当发达。隋唐时期，我国采煤行业有较大进步，开采技术也日渐成熟，煤炭广泛用于冶金、陶瓷、民用燃料等。从唐代开始，我国采煤知识逐渐传播到国外。唐代来华的日本留学僧园仁在《入唐求法巡礼行记》中写道："太原府……晋，遍山有石炭，近远诸州人尽来取烧。"

---

① 薛毅：《关于中国古代煤炭历史研究的几个基本问题》，《中国矿业大学学报》(社会科学版)，2012 年第 1 期。

② 何选明主编：《煤化学》，北京：冶金工业出版社，2012 年，第 1—2 页。

③ 薛毅：《关于中国古代煤炭历史研究的几个基本问题》，《中国矿业大学学报》(社会科学版)，2012 年第 1 期。

宋代，我国的煤炭事业在开采技术、规模和应用方面都出现了兴旺发达的势头，炼焦技术日臻完善。至南宋末年，出现了“煤”的名称。到了元代，“煤”的名称得到普及，且有黑煤、石炭煤、白煤等名称。在元代，意大利著名的旅行家马可·波罗来到中国，中国采煤及用煤情况给他留下了深刻的印象和美好的回忆。他把中国燃烧“黑色石块”作为奇闻写进他所著的《马可·波罗游记》中，并带回他的祖国，传播到欧洲和世界各地。他在《马可·波罗游记》中写道①：“整个契丹省到处都发现有一种黑色石块，它挖自矿山，在地下呈脉状延伸，一经点燃，效力和木炭一样，而它的火焰却比木炭更大更旺，甚至可以从夜晚燃烧到天明……”这是中国人民对世界各国开发煤炭作出的重大贡献！明代，中国的煤炭开采和利用技术不断提高，开创了前所未有的成果，形成了世界上独具特色的中国古代采煤技术。明代杰出科学家宋应星在其所著的《天工开物·燔石》卷中，详细记叙了中国古代采煤技术。

古人对煤的认识不断提高，对煤的应用也日益广泛，几乎所有用燃料的部门和行业都用上了煤炭。冶铁行业炼铁的燃料，煤炭占 7/10；陶瓷、烧砖、烧石灰、煮盐、冶炼其他金属等均用煤炭作燃料；此外，煤还用于医药、建筑、提炼硫黄、制墨写字、印刷等②。这显示了中国古人在煤炭利用方面的高超技能。

除此之外，煤炭也是工业革命的助推器。1765 年，英国人瓦特改良了蒸汽机，煤炭逐渐成为人类生产生活的主要能源，并由此拉开了一轮浩浩荡荡的工业革命。煤被广泛地用作工业生产的燃料，给当时的社会带来了前所未有的巨大生产力，推动了工业和整个人类文明史的大跨步发展。第二次工业革命的标志是电力的广泛使用，人类由此进入了电气化时代，而发电的主要原料是煤炭。所以第二次工业革命后，世界能源进入了“煤炭时代”。迄今为止，煤炭仍然是世界和我国的主要能源，也是化工的主要原料。

二、我国煤炭利用面临的形势与挑战

能源是人类社会生存和发展的重要物质基础，全球化石能源主要包括石油、天然气和煤炭。我国能源结构的特点是富煤、贫油、少气，在已探明的化石能源储量中，煤炭占 94%，石油、天然气仅占约 6%。我国资源储量特点决定了煤炭将在今后

---

① 朱银惠主编：《煤化学》，北京：化学工业出版社，2011 年，第 6 页。
② 何选明主编：《煤化学》，北京：冶金工业出版社，2012 年，第 1—2 页。

较长时期内仍是我国的主要能源和重要原材料来源。①

2000年以来,我国的能源消费总量呈高速增长的态势。从2000年的14.55亿吨标准煤增长到2012年的36.16亿吨标准煤,平均年增长率达到7.9%。② 在我国的一次能源消费结构中,高度依赖煤炭。尽管近年来天然气和可再生能源在我国一次能源消费结构中的比例不断上升,但煤炭所占的比例仍然高达70%左右,以煤炭为主的能源消费结构到21世纪中叶以前不会有大的改变。与世界能源消费结构平均水平相比,我国的煤炭消费比例明显偏高,相当于世界的石油和天然气消费比例之和;而我国的石油和天然气消费比例明显偏低,二者的消费总比例则相当于世界的煤炭消费比例。基于此,我国早在"十一五"规划及同步编制的《能源中长期发展规划》中提出"节能优先、立足国内、煤为基础、多元发展"的国家能源战略。

我国煤炭利用以直接燃烧为主,直接燃烧的比例大于70%,其他利用方式还包括炼焦和化工。直接燃烧的煤炭大部分用于直燃发电,发电用煤占我国煤炭消费的47.5%③,另外还用于工业锅炉燃烧、民用燃料、其他分散燃烧等。毫无疑问,煤炭有力地支撑了我国经济社会的发展,但其在长期大规模利用过程中也面临下列挑战:一是煤炭利用效率低,二是造成的环境污染问题严峻。

煤炭利用效率低的具体表现为,发电及供热平均综合利用效率仅为40%左右,比发达国家低10个百分点;全国57万台燃煤工业锅炉实际运行热效率仅在60%左右,比先进国家低15%~20%;同时煤炭分散直接燃烧量比较大。④

近年来,国内多次遭遇的严重雾霾天气引起公众的极度关切,全国各地响应国家号召开展了"蓝天保卫战"。我国的大气污染与以煤炭为主的一次能源结构及落后传统的煤炭利用方式密切相关。煤中的有机元素碳、氢、氮、硫完全燃烧后分别转化为CO_2、H_2O、NO_X和SO_2,无机矿物质则转化为灰分。据统计,全国的SO_2、NO_X、总悬浮颗粒物、CO_2等污染物排放总量中,因燃煤排放所占的比例分别为90%、75%、60%和75%⑤。

以CO_2为主的温室气体排放是全球气候变暖的主要原因。相比于石油和天然气,燃烧单位热量煤炭产生的CO_2排放分别要高出36%和61%。我国煤炭消费主

① 李中元:《低碳经济视角下煤炭清洁高效利用研究》,《山西煤炭管理干部学院学报》,2014年第1期。
② 陆家亮、赵素平:《中国能源消费结构调整与天然气产业发展前景》,《天然气工业》,2013年第11期。
③ "能源领域咨询研究"综合组:《中国煤炭清洁高效可持续开发利用战略研究》,《中国工程科学》,2015年第9期。
④ "能源领域咨询研究"综合组:《中国煤炭清洁高效可持续开发利用战略研究》,《中国工程科学》,2015年第9期。
⑤ "能源领域咨询研究"综合组:《中国煤炭清洁高效可持续开发利用战略研究》,《中国工程科学》,2015年第9期。

要集中在电力、化工、冶金、建材等四大行业，占煤炭消费总量的65%以上，而四大行业因燃煤所释放的CO_2占到全国总排放量的70%左右[①]。我国CO_2排放已经接近90亿吨，按照IPCC(世界气象组织和联合国环境规划署于1988年建立的政府间气候变化专门委员会)的要求，预计实现2050年全世界温升控制在2℃～3℃以内的总体目标，全球CO_2总排放需比1990年减少50%左右，约为104亿吨。按中国人口平均计算，最多只能排20亿～30亿吨，而目前的排放已接近100亿吨，并且该数据还在不断增加，这将是一个严峻的问题。[②]

以煤为主的资源储量特点使得我国的能源消费在今后相当长时期需依赖煤炭，而不合理的大量利用煤炭又产生了严重的环境问题。如何破解煤炭"必须用"和"环境污染"两大对立问题？科技发展和实践证明，破解这两大对立问题的关键是推进煤炭的清洁高效利用[③]。转变发展方式、推进煤炭清洁高效利用，实现煤炭燃烧、转化过程的清洁化、高效化，是优化能源结构、保障能源安全、改善环境质量的重要举措，也是推进能源生产和消费革命的必由之路。

三、煤炭清洁高效可持续利用战略

我国富煤、贫油、少气的资源储量特性，决定了煤炭是我国最重要的基础能源和原料。在环保压力不断加大以及能源结构优化调整的大背景下，煤炭清洁高效利用受到了越来越多方面的重视，清洁能源的比重也在不断上升。

我国早在20世纪90年代就开始了煤炭清洁利用问题的研究，原煤炭工业部于1994年在煤炭科学研究总院设立了"煤炭工业洁净煤工程技术研究中心"；1995年成立了由国家计委牵头，13个部、委、局参与的"国家洁净煤技术推广规划小组"，该推广规划小组先后组织各有关科研单位、院校、企业，在煤炭加工、煤炭高效燃烧与先进发电、煤炭转化与污染控制等领域开展了大量工作。中国工程院于2011年承担了"中国煤炭清洁高效可持续开发利用战略研究"重大咨询项目，该项目从煤炭资源特征、开采、提质、输运、燃烧、发电、多联产、转化、节能、减排等全产业链角度对煤炭清洁高效可持续利用进行了研究。[④] 2014年，习近平总书记在召开的中央财经领

---

① 李中元：《低碳经济视角下煤炭清洁高效利用研究》，《山西煤炭管理干部学院学报》，2014年第1期。

② 倪维斗：《煤炭清洁高效利用势在必行》，《中国电力企业管理》，2015年第9期。

③ 于孟林：《煤炭清洁高效利用是国家"大能源战略"的重要组成——专访国家能源局煤炭司司长方君实》，《中国能源报》，2015年5月18日，第12版。

④ "能源领域咨询研究"综合组：《中国煤炭清洁高效可持续开发利用战略研究》，《中国工程科学》，2015年第9期。

导小组第六次会议上也明确表示，我国将把推动能源生产和消费革命作为长期战略。2016年是“十三五”开局之年，亦是我国调结构、谋发展的关键之年。能源领域“十三五”规划纲要明确提出，要深入推进能源革命，着力推动能源生产利用方式变革，优化能源供给结构，提高能源利用效率，建设清洁低碳、安全高效的现代能源体系，维护国家能源供应保障体系安全，并将煤炭清洁高效利用列为100项国家重大工程项目之一。

1. 煤炭清洁高效可持续利用的战略目标

中国工程院在2011年承担的“中国煤炭清洁高效可持续开发利用战略研究”重大咨询项目中，明确了煤炭清洁高效可持续利用的含义以及目标。煤炭“清洁利用”主要指污染排放低，煤炭“高效利用”主要指煤炭开发利用综合能效高、平均单耗低，煤炭“可持续利用”主要指煤炭的开采和消费量应控制在合适的水平。

重大咨询项目给出了2020年和2030年煤炭清洁高效可持续利用的战略目标，分别为①：

至2020年，初步建立煤炭清洁高效消费模式，煤炭清洁高效利用水平明显提高，与煤炭利用相关的环境污染问题得到明显控制，煤炭清洁高效利用技术支撑体系得到明显加强，煤炭可持续发展的局面初步形成。煤炭开采量控制在45亿吨以内，煤炭科学产能达到32亿吨，煤炭系统整体效率达到50%，燃煤SO_2和NO_x排放量分别控制在1 315万吨和1 065万吨以内。

至2030年，全面形成煤炭清洁高效的消费模式，煤炭清洁高效利用技术达到国际先进水平，形成中国特色的煤炭清洁高效利用技术体系，全面形成煤炭可持续发展的局面。煤炭开采量控制在45亿吨以内，煤炭科学产能达到39亿吨，煤炭系统整体效率达到52%，燃煤SO_2和NO_x排放量分别控制在960万吨和760万吨以内。

2. 煤炭清洁高效可持续利用的战略措施

根据2011年中国工程院组织开展的“中国煤炭清洁高效可持续开发利用战略研究”重大咨询项目的研究结果，煤炭清洁高效可持续利用的战略措施主要体现在以下几个方面②。

(1) 全面提质

建立表征煤炭提质与减排的煤炭洁配度指标体系，积极发展先进适用的煤炭提质加工技术，推进煤炭的分质、分级利用，尤其是褐煤干燥提质技术的就地应用，最

① “能源领域咨询研究”综合组：《中国煤炭清洁高效可持续开发利用战略研究》，《中国工程科学》，2015年第9期。
② “能源领域咨询研究”综合组：《中国煤炭清洁高效可持续开发利用战略研究》，《中国工程科学》，2015年第9期。

大限度减少煤炭生产和利用过程中的环境污染。

(2) 先进发电

整体提升燃煤发电水平，科学规划和建设高参数、大容量热电机组，积极推广热电联产；推进清洁高效先进燃煤发电技术的研发和示范。加速开发燃煤发电污染控制技术和CO_2温室气体减排技术，推进资源化环保技术和多种污染物联合处理新技术的研发和应用，不断降低各种污染物的排放量。

(3) 转化升级

有序推进煤炭转化利用技术升级，加快煤制高附加值产品的现代煤化工技术的研发，推动传统煤化工向现代煤化工的转变，合理规划煤化工产业发展布局和产品规模，积极推进大型现代煤化工示范项目建设。

(4) 节能减排

加快煤炭转化利用方式的转变，树立节能为本理念；调整煤炭消费结构，控制煤炭消费总量，尤其是强化区域煤炭消费总量控制；淘汰主要用煤行业高耗能设备，推进重点高耗煤行业的节能减排；重视煤炭利用污染物控制和碳减排问题，加强煤炭利用过程中污染控制技术的开发和应用。

四、典型煤炭清洁高效利用技术

在煤炭清洁高效利用技术的开发研究方面，国家除了政策鼓励支持外，研发经费投入也相当多。经过产业界、高校、研究院等各方力量的不断努力，我国已经拥有一批具有自主知识产权并居于国际领先水平的煤炭清洁高效利用技术，如煤气化、煤液化、煤制烯烃、煤制乙二醇等现代煤化工核心技术。下面以典型的煤炭清洁高效利用技术为例做介绍。

1. 煤气化技术

(1) 煤气化的地位

煤气化，是指在一定温度、压力条件下利用气化剂(O_2、H_2O或CO_2)与煤反应生成洁净合成气(CO、H_2的混合物)的过程。现代煤气化技术的主要特点是加压、高温(液态排渣)、粉煤、纯氧气化。与煤炭直接燃烧相比，煤气化是以利用C、H为主，能量梯级利用，污染控制相对容易。煤气化是煤炭清洁高效利用的核心技术，该技术可为煤基化学品(合成氨、甲醇、烯烃等)、液体燃料(二甲醚、汽油、柴油等)、先进的IGCC(整体煤气化联合循环发电系统)发电、煤基多联产、制氢、燃料电池、直接还原炼铁等系统提供龙头技术(见图 5.1)①,为现代能源化工、冶金等行业的技术改造和节能降耗提供技术支撑。预计到 2020 年,气化用煤将达 2.5 亿～3.0 亿吨。

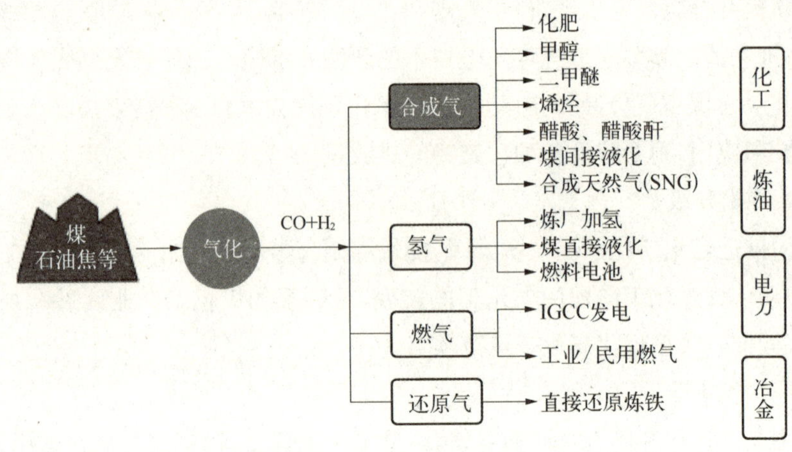

图 5.1 煤气化技术的地位

(2) 国外煤气化技术发展

国外煤气化技术最早可追溯到 1780 年,早期的煤气化技术主要用于燃料气的生产,经过不断发展和完善,现已形成了固定(移动)床、流化床和气流床三种技术流派,有三个具有里程碑意义的事件。一是 1921 年 Winkler 发现流态化现象,开发了流化床气化反应器,即 Winkler 气化炉。这一技术原理的应用,引起了固体物料加工工艺的革命,不仅在煤气化和煤燃烧领域成功应用,而且在其他工业领域也得到了广泛使用。二是 1947 年 K－T 粉煤气化技术的工业化,成为后来 Shell、Prenflo 粉煤加压气化技术发展的源头。三是 20 世纪 70 年代 Texaco 水煤浆加压气化技术的工业化,推进了大型煤气化技术的发展。

固定(移动)床气化是最早发展的煤气化技术。世界上第一台常压移动床间歇气化炉于 1880 年由德国人设计,1913 年被美国气体公司进行结构完善改造成 UGI 炉。第一次世界大战后,为满足甲醇、合成氨、F－T 合成(费托合成)等合成原料气的需要,温克勒(F.Winkle)开发了第一代流化床 Winkler 气化炉,并于 1926 年实现了工业化应用。工业制氧技术的成功推动了氧气气化技术的大发展,移动床加压气化 Lurgi 炉于 1939 年实现了工业化应用。20 世纪 30 至 50 年代,国外煤气化技术取得了很大的成就。②

① 王辅臣、于广锁、龚欣等:《大型煤气化技术的研究与发展》,《化工进展》,2009 年第 2 期。
② 高聚忠:《煤气化技术的应用与发展》,《洁净煤技术》,2013 年第 1 期。

（3）我国引进煤气化技术

我国煤气化技术研究起步较晚，早期主要靠引进。改革开放后，我国先后引进的煤气化技术有 Lurgi、GE、U－Gas、Shell、GSP、KBR、恩德炉等，但是重复引进严重，成了国外各种煤气化技术的“试验场”，为此也支付了高额的专利费。中国最早引进和实现工业化应用的气化技术是移动床 Lurgi 加压气化技术，1974 年由中国云南解放军化肥厂引进，用于生产制备合成氨的原料气。我国目前运行和在建的 Lurgi 气化炉超过 50 台，主要用于生产合成氨、甲醇、合成天然气或城市煤气所需的原料气①。20 世纪 80 年代末，我国山东鲁南化肥厂最早引进了 GE（Texaco）水煤浆气化技术，单台气化炉设计日处理煤 400 t、气化压力 2.8 MPa，1993 年建成投产。上海焦化厂、渭河化肥厂、淮南化肥厂、浩良河化肥厂、金陵石化等也相继引进了多套 GE 煤气化装置②。截至 2015 年年底，国内有 150 余台（套）的 GE 水煤浆气化技术在运行或在建③。壳牌（Shell）煤气化技术于 2000 年以后进入中国，中石化岳阳、洞庭、安庆 3 家化肥企业较早引进采用，该技术是在中国国内最早工业化应用的干煤粉加压气化技术。截至 2015 年，国内先后共有 21 家企业引进了 27 台 Shell 气化炉④。引进的 Shell 气化炉的气化压力均为 4.0 MPa，单炉日处理煤最大量为 2 800 t。西门子公司拥有的 GSP 气化技术 2000 年后也进入中国，该公司于 2005 年与神华宁煤集团成立了合资公司，负责该技术在国内的技术推广。

（4）我国煤气化技术的研究与开发

我国煤气化技术的研究与开发始于 20 世纪三四十年代，早期主要以模仿创新或引进、消化吸收再创新为主。20 世纪 60 年代，我国开始进行 K－T 式粉煤气化试验研究，20 世纪 70 年代初在新疆建了 5 台 K－T 式粉煤气化炉（4 开 1 备）用于制氢，单台气化炉的生产能力为 4 800 m^3/h。但该装置投产后遭遇耐火材料腐蚀、碳转化率低、排渣困难等问题而改烧重油，该技术此后没有新的发展。我国水煤浆气化技术的研发基本与粉煤气化同步，也始于 20 世纪 60 年代。1969 年最早在浙江建了一套中试装置（0.7 t/h），后因国内石油的大量开发利用而停滞⑤。

1978 年第一次全国科学大会后，我国又开始了新型气化炉和煤气化方法的研究，主要包括固定床加压碎煤气化、水煤浆加压气化和灰团聚流化床气化等。1979

① 高聚忠：《煤气化技术的应用与发展》，《洁净煤技术》，2013 年第 1 期。
② 高聚忠：《煤气化技术的应用与发展》，《洁净煤技术》，2013 年第 1 期。
③ 汪寿建：《现代煤气化技术发展趋势及应用综述》，《化工进展》，2016 年第 3 期。
④ 汪寿建：《现代煤气化技术发展趋势及应用综述》，《化工进展》，2016 年第 3 期。
⑤ 高聚忠：《煤气化技术的应用与发展》，《洁净煤技术》，2013 年第 1 期。

年至1982年在陕西建了一套水煤浆气化小试装置，1985年又建成中试装置，中试装置气化炉规模为日处理煤36 t，气化压力2.6 MPa[①]。20世纪80年代末，华东理工大学开始水煤浆气化技术基础研究和技术开发，2000年在山东滕州建成了日处理22 t煤的多喷嘴对置式水煤浆气化中试装置，2005年完成了该技术的千吨级工业示范。2005年清华大学开始水煤浆水冷壁气化炉的研发，2011年该技术的第一套工业生产装置投入生产运行[②]。西安热工研究院开发了两段式干煤粉加压气化技术，1997年建了一套日处理0.7 t煤的小试装置，2004年建了一套日处理36 t～40 t煤的中试装置。该技术的首套工业化示范装置单台日处理煤量2 000 t，用于天津华能"绿色煤电"项目。[③] 中国航天科技集团公司2000年后成功开发了干煤粉加压气化航天炉，首套示范装置2008年建成投产，用于15万吨/年甲醇项目。

目前，在我国已工业化应用的先进煤气化技术种类繁多，大致可以分为以下三类：第一类是气流床加压气化技术，包括干煤粉加压气化和水煤浆加压气化。干煤粉气化代表技术有Shell、GSP、HT－LZ航天炉、两段炉和SE东方炉；水煤浆气化代表技术有GE、多喷嘴对置、水冷壁清华炉和E－gas(Destec)。第二类是流化床加压气化技术，代表技术主要有U－Gas、SES和灰熔聚常压气化(CAGG)。第三类是固定床碎煤加压气化，代表技术主要有Lurge加压气化、碎煤固定床加压气化和BGL加压气化等。

(5) 多喷嘴对置式(OMB)水煤浆气化技术

华东理工大学洁净煤技术研究所长期致力于煤气化技术的研究，基于射流对置撞击强化混合的原理，提出了多喷嘴对置式水煤浆气化技术方案。"九五"期间，华东理工大学、水煤浆气化及煤化工国家工程研究中心(兖矿鲁南化肥厂)、中国天辰化学工程公司在国家计委、国家科技部的支持下，在山东建成了一套日处理煤22 t的多喷嘴对置式水煤浆气化中试装置，并顺利完成了相应的中试研究。中试装置运行的各项指标明显优于相同条件下的GE(Texaco)生产装置。"十五"期间，在国家科技部、发改委的大力支持下，千吨级多喷嘴对置式水煤浆气化工业示范装置建成投产，示范装置运行的各项工艺指标同样优于引进的水煤浆气化技术。

"十一五""十二五"期间，在国家科技部的持续支持下，多喷嘴对置式水煤浆气化技术顺利完成了由单台日处理千吨级煤到2 000吨级大型化和3 000吨级超大型

---

① 高聚忠：《煤气化技术的应用与发展》，《洁净煤技术》，2013年第1期。
② 王中刚、韩喜民：《水煤浆水冷壁气化炉项目总结》，《化肥工业》，2012年第1期。
③ 许世森、王保民：《两段式干煤粉加压气化技术及工程应用》，《化工进展》，2011年第S1期。

化的跨越。2016 年年底，中国石油和化学工业联合会在北京组织召开了“日处理煤 3 000 吨级超大型清洁高效水煤浆气化技术开发及示范”科技成果鉴定会。鉴定委员会一致认为：“3 000 吨级多喷嘴对置式水煤浆气化技术具有完全自主知识产权，总体技术指标达到了国际领先水平，并保持了该技术在国际同类气化技术中的引领地位。”基于国家需求和多喷嘴对置式水煤浆气化技术大型化的优势，“十三五”期间该技术又得到了国家科技部重点研发计划项目的支持，将完成单炉日处理 4 000 吨级超大型气化装置的示范。

在多喷嘴对置式水煤浆气化技术致力于做大做强的同时，该技术也在全国遍地开花。截至 2017 年 8 月，该技术已推广应用到全国 48 家企业共 134 台气化炉，有 23 家企业的 60 台气化炉已投入工业运行，大规模气化市场占有率达到了百分之百，日处理煤量达到了 16 万吨。该技术的合成气产能在国际市场占有率居第三，与 GE、Shell 气化技术并驾齐驱。

多喷嘴对置式水煤浆气化技术工业运行业绩的不断增加，使得该技术日益成熟和完善，国际影响力也不断提升，已成为大型气化项目的主流选择之一，多家国际公司已就采用该技术的相关事宜与专利商进行了洽谈。2008 年 7 月，北美最大的炼油公司美国 Valero 能源公司（2007 年全球 500 强排名第 43 位）与专利商签订了采用多喷嘴对置气化技术的商务合同，拟运用该技术进行石油焦气化制氢项目，所建设的石油焦气化项目为当时全世界最大的气化装置，总投资达 30 亿美元。该协议的签订也是中国大型化工成套技术首次向美国等发达国家输出。2016 年该技术的专利商又成功与韩国的 TENT 公司签订了该技术的实施许可合同。

华东理工大学自 2006 年至今连续 10 年应邀在美国气化技术年会上做大会报告，介绍该技术取得的最新进展，特别是在工程化阶段的最新动态。许多国际同行等都对多喷嘴对置式煤气化技术进行了关注，包括：

美国能源部 2013 年 1 月在其官方网站公开发表的气化数据库中对本技术给予了评价：“技术已有广泛的工业应用，非常适合于大型化，气化炉规模已经达到了 3 000 吨/天。先进的烧嘴结构设计，强化了炉内混合，保证了气化性能，有利于烧嘴更换方便。该技术向美国最大的炼油企业 Valero 实施了技术许可，单炉日处理能力 2 500 吨。”

美国能源技术国家实验室（NETL）2011 年 7 月发表的报告对本技术给予了评价：“多喷嘴水煤浆气化技术不同于 GE 和 Conoco Phillips 的水煤浆气化技术，该技术具有优良的操作性能，运行稳定，更容易实现气化炉的大型化。……该技术碳转化率高、$CO+H_2$成分高、四喷嘴对置更容易提高气化炉操作负荷。火焰结构合理，延长了耐火砖寿命。”

化学化工领域国际顶级期刊 *Chemical Review* 于 2014 年第 114 卷发表了德国著名气化专家 Higman 博士的论文，他在文中对本气化技术进行了综合评述：“多喷嘴对置优化了停留时间分布，提高了煤气化过程的碳转化率。”该论文还引用了项目研发团队在煤气化领域的基础研究成果，引用论文达到 32 篇。

2. 煤液化技术

组成煤与石油的主要有机元素都是碳、氢、氧，但二者在外观和化学组成上差别明显。煤与石油相比，化学组成上最明显的差别是煤中氢含量低、氧含量高、H/C 原子比低、O/C 原子比高。那么从理论上分析，将煤转化成油，可通过提高 H/C 原子比的方法实现，简单地说就是必须增加 H 原子或减少 C 原子。基于该分析，煤液化的实质即为在适当温度、氢压、溶剂和催化剂条件下，提高 H/C 原子比，使固体煤转化为液体油。煤炭液化技术[①]是指在一定条件下将固态的煤炭通过化学加工脱除硫等有害物质并使其转化为液态烃类燃料的技术。根据煤质及加工路线，煤炭液化可分为煤直接液化和煤间接液化两大类。

(1) 煤直接液化技术

煤直接液化[②]是指在高温、高压下，通过催化剂加氢，使煤粉在溶剂中发生加氢裂解反应和热解，将煤降解和加氢从而转化为液体烃类，使煤中有机质大分子转化为液体燃料小分子。

① 煤直接液化工艺过程

煤直接液化工艺流程见图 5.2。先将原料煤磨成粒度≤0.2 mm 的煤粉，然后与

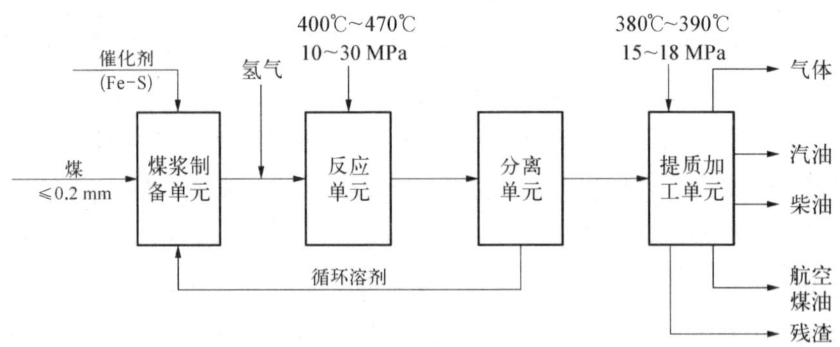

图 5.2 煤直接液化工艺流程示意

① 王恩泽、夏皖东、范肖南：《浅谈煤炭液化技术研究现状及发展前景》，《煤质技术》，2015 年第 6 期。

② 马时锋：《煤炭间接液化与直接液化简要论述》，《黑龙江科技信息》，2012 年第 14 期。

液化重油循环溶剂及催化剂混合配成油煤浆，在高温(450℃左右)和高压(10～30 MPa)下直接催化加氢，其后经过分离和提质加工过程便得到汽油、柴油、航空煤油等液化产品油和其他化学品[①]。煤直接液化整个工艺系统分为四个主要单元，分别为[②]：煤浆制备单元、反应单元、分离单元和提质加工单元。煤浆制备单元主要是完成原料煤的研磨和油煤浆的制备；反应单元主要是完成催化加氢反应，产生液化粗产品；分离单元主要是将产生的液化油与残渣、气态产物分离；提质加工单元主要是完成液化粗油的精制。

② 国外煤直接液化技术发展

早在19世纪，国外已开始研究煤直接液化技术。1869年，贝特洛将煤在270℃条件下与碘化氢反应，得到烃类油和沥青状物质；1914年，德国化学家柏吉斯研究了氢压下煤的液化，并取得了专利；1926年，德国法本公司成功开发了高效加氢催化剂，并建成了一座褐煤高压加氢液化制液体燃料的工厂。1938年，德国由煤直接液化制油品的年生产能力已达150万吨，到第二次世界大战后期的1944年，年生产能力更是达到了423万吨[③]。二战后，对石油的需求量降低，石油价格下降，煤制油产品经济上逐渐失去竞争力，工厂也相继倒闭。20世纪70年代石油危机，石油价格大幅度上涨，促使煤炭直接液化技术得以迅速发展，德国、美国、日本等发达国家相继开发了不同的煤液化新工艺，其中有几种先进技术完成了中试和工业示范。代表性的直接液化工艺有[④⑤]：美国氢煤法(H-COAL)工艺、德国二段液化(IGOR)工艺、日本NEDOL工艺、美国HIT工艺等，它们在工艺和技术上都取得了不同程度的突破。关于几种典型工艺简单介绍如下。

美国氢煤法(H-COAL)工艺[⑥]：该工艺选用的催化剂一般为活性较高的钴钼催化剂，采用的反应器为沸腾床反应器。该工艺通过将沸腾床反应器内产生的重油进行循环以获得较高的煤炭液化转化率和较高的轻油产油率。

德国二段液化(IGOR)工艺[⑦⑧]：该工艺是20世纪70年代由德国鲁尔煤炭公司与VEBA石油公司、DMT矿冶及检测技术公司共同开发的。该工艺的反应条件相

---

① 范传宏：《煤直接液化工艺技术及工程应用》，《石油炼制与化工》，2003年第7期。
② 马海龙、栾秋琴、项曙光：《我国煤液化制烯烃研究进展》，《化学工业与工程技术》，2008年第2期。
③ 杜铭华：《煤炭液化在中国的开发及商业化前景》，《煤》，2001年第5期。
④ 杨双智：《试论我国煤炭液化技术发展前景》，《内蒙古煤炭经济》，2017年第11期。
⑤ 陈家磊：《中国煤液化技术兴衰历程初析》，《中国科技史杂志》，2013年第2期。
⑥ 杨双智：《试论我国煤炭液化技术发展前景》，《内蒙古煤炭经济》，2017年第11期。
⑦ 杨双智：《试论我国煤炭液化技术发展前景》，《内蒙古煤炭经济》，2017年第11期。
⑧ 陈家磊：《中国煤液化技术兴衰历程初析》，《中国科技史杂志》，2013年第2期。

对苛刻(反应温度470℃,反应压力30 MPa),一般采用铝工业废渣作为催化剂。为一次性得到原子含量较低的液化精制油,工艺要求煤的液化反应和加氢精制在同一高压系统内进行。该工艺用加氢油作为循环溶剂,供氢性能好,煤液化转化率较高。

日本NEDOL工艺[①②]:该工艺是日本于20世纪80年代初由专门成立的日本新能源产业技术综合开发机构,联合日本国内十几家大公司共同开发完成的。该工艺的反应条件温和,反应压力为17～19 MPa,反应温度为455℃～465℃,采用合成硫化铁或天然硫铁矿作为催化剂;一般使用预加氢的循环溶剂,提高了溶剂的供氢能力;固液分离采用减压蒸馏,液化油中含有较多杂原子,需要进一步提质。

美国HIT工艺[③]:该工艺反应条件温和,反应温度440℃～450℃,反应压力17 MPa;催化剂采用的是铁系胶状高活性催化剂,反应器选用液体循环沸腾床反应器;通过加氢对液化油进行精制,采用临界溶剂萃取的方法进行固液分离;为提高液化油收率,该工艺还充分考虑了最大限度地从液化残渣中回收重质油。

③ 国内煤直接液化技术发展

我国煤直接液化技术的研究最早可追溯到1930年成立的第一个专门燃料研究室——沁园燃料研究室。该研究室成立之初设了四个研究主题,其中一个研究主题是氢化石炭,也就是煤直接液化。1930年至1938年间,沁园燃料研究室曾做过煤液化技术方面的相关研究。[④]

20世纪50年代,中科院相关研究所开展过煤直接液化试验研究,在抚顺石油三厂进行过一些工业试验,后因大庆油田的开发,研究工作中断。到20世纪80年代初,北京煤科总院以及国内有关大学相继开始进行煤直接液化的研究,先后取得了一些先进的研究成果,完成了国内液化煤种和铁系催化剂的性能评价。21世纪初,在上海建成了6吨/天的中国煤直接液化新工艺试验装置并成功运行,运行结果显示,高分散铁系催化剂活性达到了世界先进水平[⑤]。

进入21世纪,我国石油资源短缺造成对外依存度持续升高,从国家安全角度考虑,促使煤直接液化技术进入工业化发展阶段。基于已有的研究开发积累和经验,2008年神华集团在内蒙古鄂尔多斯建成了世界上首套百万吨级大型煤直接液化工业装置。该装置在2008年12月31日一次投料成功,2011年正式投入商业化运营,

① 郝学民、张浩勤:《煤液化技术进展及展望》,《煤化工》,2008年第4期。
② 杨双智:《试论我国煤炭液化技术发展前景》,《内蒙古煤炭经济》,2017年第11期。
③ 郝学民、张浩勤:《煤液化技术进展及展望》,《煤化工》,2008年第4期。
④ 陈家磊:《中国煤液化技术兴衰历程初析》,《中国科技史杂志》,2013年第2期。
⑤ 程俊峰、甄玉静:《浅析煤炭液化技术的发展状况》,《化工管理》,2014年第8期。

2012年实现长周期稳定运转，并达到了预期效果[①②]。该套煤直接液化装置生产的主要产品为车用柴油、石脑油、液化气等，副产品有工业粗酚、工业硫黄等[③]。神华集团煤直接液化工业装置的成功建设和运行与中试装置的成功运行密切相关。煤直接液化中试装置的运行实验结果，不仅为该技术的工业示范和产业化提供了技术支撑，而且也为该技术的工业化实施培养了必需人才。神华集团拥有自主知识产权的煤直接液化技术，工业化过程中核心设备的国产化也推动了我国煤制油工业的稳步发展[④]。

（2）煤间接液化技术

煤间接液化技术[⑤⑥]是先将煤与氧气、水蒸气高温反应制成粗合成气，经脱硫、脱碳等净化处理后得到洁净合成气（$CO+H_2$），再以洁净合成气为原料，在催化剂作用下制得液态烃类和其他化学品的工艺技术。

① 煤间接液化工艺特征

煤间接液化工艺主要由煤加压气化、煤气净化、费托合成、油品加工等组成。煤在高温高压下气化后生成粗合成气，粗合成气经水蒸气变换、脱硫脱碳净化后，满足后续合成 H_2/CO 比需要的洁净合成气进入合成反应器发生反应生成合成烃。合成烃经精制制得汽油、柴油等主要产品，同时得到副产物硬蜡等，尾气经深冷分离得到低碳烯烃，或经重整后循环回做原料气，驰放气可用于供热、发电或合成氨等[⑦]。煤直接液化工艺流程示意见图5.3。

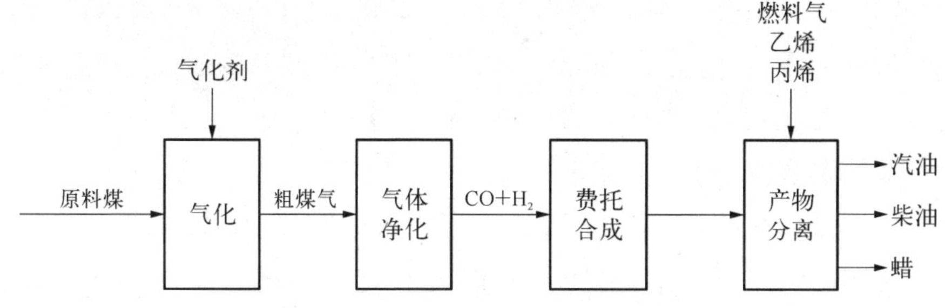

图5.3 煤间接液化工艺流程示意

① 王恩泽、夏皖东、范肖南：《浅谈煤炭液化技术研究现状及发展前景》，《煤质技术》，2015年第6期。
② 王洪学、李克健、杨葛灵等：《煤炭直接液化技术研发平台的开发探索》，《神华科技》，2014年第5期。
③ 王洪学、李克健、杨葛灵等：《煤炭直接液化技术研发平台的开发探索》，《神华科技》，2014年第5期。
④ 张玉卓：《神华现代煤制油化工工程建设与运营实践》，《煤炭学报》，2011年第2期。
⑤ 王恩泽、夏皖东、范肖南：《浅谈煤炭液化技术研究现状及发展前景》，《煤质技术》，2015年第6期。
⑥ 陈家磊：《中国煤液化技术兴衰历程初析》，《中国科技史杂志》，2013年第2期。
⑦ 马时锋：《煤炭间接液化与直接液化简要论述》，《黑龙江科技信息》，2012年第14期。

② 国外煤间接液化技术的发展

最早进行煤间接液化技术研究的是德国科学家 Fischer 和 Tropsch，1923 年两人在研究中发现，合成气在铁催化剂上发生反应生成了液体燃料，该方法后被称为费托合成法[①]。以此为契机，开始进行煤间接液化技术的深入研究，并于 1936 年建成了首套工业规模的合成油厂[②]。20 世纪 50 年代，南非由于自身的政治因素及煤质问题，选择采用煤间接液化的方法生产石油和石油制品，由此也成为世界上第一个将费托合成煤炭液化技术工业化的国家[③]。到 1955 年，世界上已有 18 个合成油工厂，总生产能力达到 100 万吨/年[④]。

南非 Sasol 公司于 1955 年、1980 年和 1982 年相继建成投产了 Sasol Ⅰ厂、Sasol Ⅱ厂和 Sasol Ⅲ厂。三个煤制油工厂主要生产的产品包括汽油、柴油、蜡、乙烯、丙烯等 113 种，煤炭年消耗总量达 4 590 万吨，产品总年产量达 760 万吨，其中 60% 左右为油品[⑤]。该公司于 1993 年又建设一套日生产能力 2 500 桶的三相浆态床工业装置，该装置于 1995 年投入运行。此后的 1996—1999 年，Sasol 公司对前期工业装置进行了更新换代，用 8 台固定流化床反应器更替了 Sasol Ⅱ厂和 Sasol Ⅲ厂的 16 台循环流化床反应器[⑥]。Sasol 公司在 50 多年的发展过程中，紧紧围绕费托合成反应器和催化剂两项关键技术进行研究开发，并不断完善费托合成的工艺过程，目前已成为世界上最大的以煤基合成油为主导的大型综合性煤化工产业基地。

目前除南非 Sasol 的费托合成技术外，国外其他已工业化的典型煤间接液化技术包括荷兰 Shell 公司的 SMDS 技术、Mobil 公司的 MTG 合成技术等，另外未商业化的先进合成技术有丹麦 TopsΦe 公司的 TIGAS 技术、美国 Mobil 公司的 STG 技术、Exxon 公司的 AGC-21 技术、Syntroleum 公司的 Syntroleum 技术等[⑦]。

③ 国内煤间接液化技术的发展

我国煤间接液化技术的研究开发始于 20 世纪 50 年代初，曾在辽宁锦州建成运行一套年产 5 万吨的煤间接液化工业装置，后因大庆油田开发而中止。[⑧] 中科院山西煤化所 20 世纪 80 年代开始进行煤间接液化技术系统研究，在完成对传统费托合

① 相宏伟、杨勇、李永旺：《煤炭间接液化：从基础到工业化》，《中国科学：化学》，2014 年第 12 期。
② 孙启文、吴建民、张宗森、庞利峰：《煤间接液化技术及其研究进展》，《化工进展》，2013 年第 1 期。
③ 王恩泽、夏皖东、范肖南：《浅谈煤炭液化技术研究现状及发展前景》，《煤质技术》，2015 年第 6 期。
④ 孙启文、吴建民、张宗森、庞利峰：《煤间接液化技术及其研究进展》，《化工进展》，2013 年第 1 期。
⑤ 郝学民、张浩勤：《煤液化技术进展及展望》，《煤化工》，2008 年第 4 期。
⑥ 吴春来：《南非 SASOL 的煤炭间接液化技术》，《煤化工》，2003 年第 2 期。
⑦ 孙启文、吴建民、张宗森、庞利峰：《煤间接液化技术及其研究进展》，《化工进展》，2013 年第 1 期。
⑧ 李文华：《煤炭间接液化技术及其新进展》，《中国科技产业》，2006 年第 2 期。

成进行较大改进的基础上，提出了固定床两段合成(简称 MFT 法)和浆态床-固定床两段合成(简称 SMFT 法)两种不同工艺。完成 MFT 工艺的小试和模试后，先后于 1989 年和 1994 年分别完成了 MFT 工艺的中间试验和工业性试验，同期还完成了 SMFT 工艺的模试[①]，对自主开发的两类催化剂还成功进行了 3 000 h 的长周期运行测试。2000 年中科院山西煤化所开始进行千吨级浆态床合成油中试装置的筹建，2002 年 9 月中试装置建成并顺利投料试车，打通整个工艺流程，标志着自主开发的煤间接液化技术取得了阶段性成果。[②] 2008 年山西潞安集团采用中科院山西煤化所的煤间接液化技术，建成了一套年产 16 万吨的煤基合成油示范装置并顺利投产，标志着中国的煤制油技术取得了重大突破。2009 年，采用中科院山西煤化所煤间接液化技术的另一套工业装置在内蒙古伊泰集团建成并顺利投产，该装置是伊泰集团煤间接液化项目一期工程，其规模为 16～18 万吨/年，主要产品有柴油、石脑油、液化石油气等。

国内另一家进行煤间接液化技术研究开发的企业是上海兖矿能源科技研发有限公司，该公司是兖矿集团的子公司，自 2002 年起开始煤间接液化技术的自主开发，研发技术包括三相浆态床低温费托合成和固定流化床高温费托合成。其中浆态床低温费托合成技术已建设了年产 5 000 吨油品的国内最大中试装置，而固定流化床高温费托合成也建成了年产 5 000 吨油品的国内唯一一套中试装置。[③] 2004 年 11 月，浆态床低温费托合成中试装置完成了现场考核，2005 年通过了由中国石油和化学工业协会组织的科技成果鉴定，鉴定结果认为该技术处于国际先进水平。该公司开发的高温固定流化床费托合成技术，其将沉淀型铁基催化剂应用于高温费托合成的核心技术为国内外首创，是兖矿集团继掌握低温费托合成技术后，在煤制油领域的又一项重大技术突破；2010 年，固定流化床高温费托合成中试装置也通过了由中国石油和化学工业联合会组织的科技成果鉴定。[④]

国内自主研发的煤间接液化技术在经历小试、中试和工业示范后，逐步向大型化迈进，典型代表是陕西未来能源化工有限公司的年产百万吨合成油项目和神华宁煤集团的年产 400 万吨的合成油项目。陕西未来能源化工有限公司由兖矿集团、兖州煤业股份有限公司和陕西延长石油(集团)公司三方按照 50%∶25%∶25%

① 白亮、邓蜀平、董根全等：《煤间接液化技术开发现状及工业前景》，《化工进展》，2003 年第 5 期。

② 孙启文、吴建民、张宗森、庞利峰：《煤间接液化技术及其研究进展》，《化工进展》，2013 年第 1 期。

③ 韩梅：《煤间接液化工业示范项目及煤制油主要产品市场前景》，《中国煤炭》，2007 年第 7 期。

④ 孙启文、吴建民、张宗森、庞利峰：《煤间接液化技术及其研究进展》，《化工进展》，2013 年第 1 期。

股权比例组建。公司规划在榆林“煤油电化”一体化新型工业园区内分期建设年产1 000万吨油品和化学品的煤洁净利用工程。一期项目设计规模为年产115万吨油品，采用上海能源科技研发有限公司的低温费托合成技术。该项目于2015年建成并顺利投产运行，并产出了优质油品，成为我国首个投产的百万吨级煤间接液化项目。

2016年12月28日，世界最大煤制油项目——神华宁煤集团年产400万吨煤炭间接液化示范项目在宁夏建成投产。该项目实施对保障我国能源安全，推进国家中长期发展战略具有重要意义。神华宁煤集团于2011年完成了该项目采用国产化技术的科研报告，2013年9月18日该项目获得了国家发改委核准，同年9月28日正式开工建设。总投资550亿元、占地560.92公顷、国产化率98.5%的世界级超级工程在历时39个月后基本建成。项目建成投运后，年转化煤炭2 046万吨，年产油品405万吨，其中柴油273万吨、石脑油98万吨、液化气34万吨。项目的建成，对提升我国煤制油技术水平和装备制造水平都具有重要意义。习近平总书记对该项目建成投产做出重要指示：这一重大项目建成投产，对我国增强能源自主保障能力、推动煤炭清洁高效利用、促进民族地区发展具有重大意义，是对能源安全高效清洁低碳发展方式的有益探索，是实施创新驱动发展战略的重要成果。

3. 煤制烯烃技术

乙烯、丙烯作为主要的化工原料，其产量高低常作为衡量一个国家石化工业发达程度的标志。乙烯和丙烯传统的生产工艺分别为石脑油（石油轻馏分的泛称）裂解制取和炼厂催化裂化副产制取，这些工艺过分依赖石油，石油资源日益匮乏将大大限制其生产量。

多年来，尽管我国乙烯、丙烯等产量逐步增长，但仍不能满足需要。2013年我国乙烯、丙烯产量分别为1 621.8万吨（其中甲醇法产量83万吨）和1 626.9万吨（其中甲醇法产量83万吨），合计产量为3 249万吨，而包括聚乙烯和聚丙烯在内的下游产品当量消费量分别达3 418万吨和2 516万吨，合计当量消费量达5 934万吨，乙烯和丙烯合计供应缺口约为2 700万吨，对外依存度高达45.5%[①]。

2013年我国石油法乙烯和丙烯产能分别为1 710万吨/年和1 776万吨/年，合计产能为3 486万吨/年，加上MTO/MTP产能，2013年我国乙烯和丙烯总计产能为3 746万吨/年。

---

① 李汉初：《我国煤制烯烃生产及市场现状》，《中国石油和化工经济分析》，2014年第5期。

(1) 煤制烯烃工艺流程

煤制烯烃实际上是煤基甲醇制烯烃，是先将原料煤气化合成甲醇后，再以甲醇为原料制取乙烯、丙烯等的技术。煤制烯烃工艺由煤气化、合成气净化、甲醇合成、甲醇转化制烯烃及烯烃回收分离五部分组成，其中煤制甲醇是煤制烯烃的核心。甲醇制烯烃主要有两种工艺，中间都经历煤制甲醇过程：一种是甲醇制乙烯和丙烯等低碳混合烯烃(MTO)，另一种是甲醇制丙烯(MTP)。两种工艺均包括甲醇转化烯烃单元和轻烯烃回收单元。

(2) 国外甲醇制烯烃技术进展

20 世纪 70 年代，美国 Mobil 公司探索采用 ZSM－5 催化剂将甲醇转化为其他含氧化合物，研究过程中发现了甲醇制汽油(MTG)的反应。而低碳烯烃是 MTG 反应的中间产物，所以 MTG 的成功开发促进了 MTO 的开发。1992 年，UOP 公司和 NorskHydro 公司联合开始共同开发 MTO 工艺，在挪威建了一套小型工业装置，累计运行 6 个多月，证明了 MTO 工艺的技术可行性。随后，诸如 Mobil、BASF 等国际上的一些知名石化公司都开始投入巨资进行该技术的开发。①

德国鲁奇公司拥有甲醇制丙烯(MTP)的专利技术，该工艺主要由甲醇生产、MTP 反应、催化剂再生、气体冷却和分离、碳氢压缩和精制等组成。该工艺采用 ZSM－5 分子筛为催化剂，工艺的转化率为 71%(主要是丙烯)，主产品为 94%丙烯，6%乙烯，两者的比例可调节小范围。C2 以上转化率为 85%，甲醇转化率大于 99%②。

(3) 国内甲醇制烯烃技术进展

国内开展煤制烯烃的科研机构有中科院大连化物所、石油大学、中国石化石油化工科学研究院等。中科院大连化物所在借鉴世界上已有的 MTO 生产工艺的基础上，经过多年研究成功开发了新一代煤制低碳烯烃工艺路线(简称 DMTO)。该工艺与传统 MTO 工艺相比，CO 转化率高达 90%以上，投资和运行费用节省 50%～80%③。

在第一代 DMTO 技术成功开发基础上，中科院大连化物所继续加大科技攻关创新力度，通过技术性能优化，又开发了第二代甲醇制烯烃技术(DMTO－Ⅱ)。该技术于 2010 年 5 月完成了万吨级工业化试验，试验结果表明，采用第二代甲醇

---

① 周传雷：《我国煤制烯烃产业现状及发展前景》，《化学工程师》，2011 年第 8 期。
② 许银花：《煤制烯烃的研究进展》，《化工管理》，2017 年第 6 期。
③ 周传雷：《我国煤制烯烃产业现状及发展前景》，《化学工程师》，2011 年第 8 期。

制烯烃技术可使每吨烯烃产品甲醇原料单耗降低10%以上。2010年6月26日，该技术通过了由中国石油和化学工业联合会组织的科技成果鉴定，鉴定结果表明，该技术成果达到世界领先水平。此外，由中国石化上海石油化工研究院、中国石化工程设计院等单位联合开发的甲醇制烯烃技术（S-MTO），也先后完成了日产100吨甲醇制烯烃的中试和年产60万吨甲醇制烯烃工业化装置的建设运行。

我国在MTP的研究也取得了重大突破。中国化学工程集团公司、清华大学、淮南化工集团公司于1999年开始联合开发MTP煤制丙烯技术，历经8年技术攻关后终于成功开发了新一代MTP工艺技术，即FMTP。2009年10月，完成了世界上第一套3万吨/年流化床FMTP工业性试验装置的建设和成功投运，运行结果显示，采用该技术的甲醇转换率达到99.9%，丙烯选择性（C基）达到67.3%，吨甲醇/吨丙烯比为3.39①。

2006年12月，中国神华集团在国家发改委核准下，投资170多亿元在包头建设了煤制烯烃装置，装置主要包括年产180万吨的煤制甲醇装置和年产60万吨的甲醇制聚烯烃示范装置，其中的甲醇制烯烃采用了中科院大连化物所的具有完全自主知识产权的DMTO技术。该项目于2010年建成并投料试车，同年8月正式实现商业化运营。该套煤制烯烃示范装置不仅是我国，同时也是全球首套实现工业化生产的MTO装置。装置运行结果显示，甲醇的单程转化率、乙烯和丙烯的选择性等主要技术指标都超过了预期水平，也充分证明了这项技术的先进性和可靠性。2010年10月，由神华宁煤集团投资建设的全球首套MTP工业示范装置投料试车成功，产出了纯度为99.69%的丙烯产物。该装置生产规模为年产52万吨煤基聚丙烯，采用的是德国鲁奇的MTP技术②。

煤炭是我国最丰富、最可靠、最经济的能源资源，是支撑我国能源消费需求的主体。以煤为主的能源生产消费结构不仅是我国能源的基本特征，也是我国国情的必然选择。煤炭作为一种能源，同其他能源一样本身并没有“脏”与“洁”的标签。要破解煤炭“必须用”和“环境污染”的两大对立问题，关键是要推进煤炭的清洁高效利用。煤炭的清洁高效利用不仅是低碳经济下保持污染减排与环境友好发展的重要途径，也是我国能源发展的战略选择和当前节能减排最重要、最现实的手段。

新时代的大学生不仅要做节能环保的倡导者，更要做节能环保的先行者和捍卫者，为建设美丽中国添彩，为实现伟大复兴中国梦助力！

---

① 周传雷：《我国煤制烯烃产业现状及发展前景》，《化学工程师》，2011年第8期。

② 周传雷：《我国煤制烯烃产业现状及发展前景》，《化学工程师》，2011年第8期。

第六章　绿色食品与健康中国

本章问题

1. 保证身体的健康，需要在个人饮食习惯中注意哪些问题？
2. 我国食品工业发展的瓶颈问题有哪些？
3. 如何理解广义上的绿色食品？
4. 在日常生活中如何甄别食品安全谣言？
5. 如何做一个有社会责任感的消费者？

近年来，随着我国经济发展和人民生活水平的不断提高，消费者对食品的需求已不仅停留在吃饱的阶段，转而追求吃得营养、健康、安全。食品与健康的关系也逐渐受到人们的重视。因此，食品领域的绿色发展与“健康中国”战略的实施有着密切关系。在中国共产党第十八届五中全会上，习近平总书记提出了创新、协调、绿色、开放、共享的“五大发展理念”，绿色发展理念事关我国发展全局。食品工业是“为耕者谋利、为食者造福”的传统民生产业，在实施绿色发展战略和推进“健康中国”建设中具有重要地位。本章将围绕食品与健康、食品与食品工业、食品安全问题和绿色食品发展四个方面对绿色食品与健康中国这一主题展开介绍。

一、食品与健康

1. 食品与健康

人类的祖先为了获得食物，学会了使用工具和火，从生食进化到了使用火加工食物。可以说，随着人类祖先对于食品加工技术的逐渐精通，人类也从猿一步步进化成了人。但是，近年来随着食品科技的发展和物质的极大丰富，人类在过度、过量或者说没有节制地饮食。无节制的饮食也给人类带来了肥胖、心血管疾病、糖尿病等诸多健康问题。

食品与健康有着极为密切的关系。人们从食品中获取生存所需的物质基础，因而食品、营养与健康既事关个人，又事关国民体质。提到健康问题，人们便会自然想到健康、长寿。随着我国经济社会的发展，我国人均寿命近年来也稳步增长，从1990年到2015年，男性和女性的人均寿命分别提高了8.5岁、11岁。从全世界范围来看，人均寿命与经济社会发展水平也密切相关。例如北欧、日本人均寿命已突破80岁，而非洲许多国家的人均寿命还徘徊在50岁～60岁。这一方面是由于医疗条件方面的差异，从更大方面来讲是食品安全与饮食结构方面的差异。统计数据表明，人的寿命长短，剔除基因等不可改变因素之外，除了跟医疗保障健全程度、环境健康水平有关之外，更重要的是“生活习惯是否健康”。世界卫生组织统计显示，由个人生活方式和行为因素引发的疾病对于寿命的影响占到了60%的比例。即使医术再高超，也只能减少10%的过早死亡。而对于个人寿命影响占到了60%的个人生活方式就包括了个人饮食结构、食用的食品品质等一系列食品及营养方面的细节问题(图6.1)。

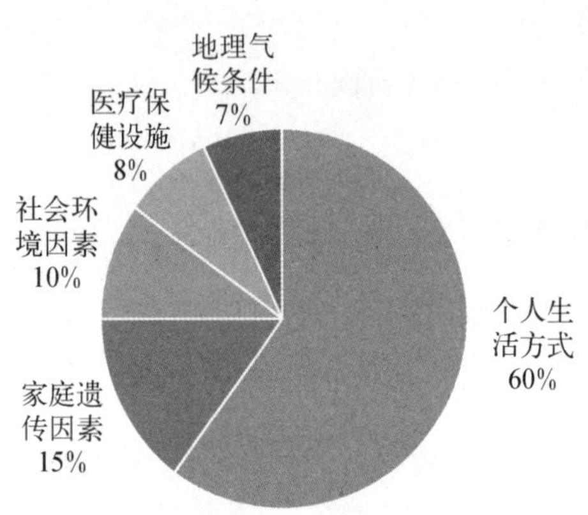

图6.1 世卫组织统计的决定个体寿命的几大因素

从另一方面来讲，所谓健康，不仅是生命的长度，同样重要的还有生命的质量。一个人如果疾病缠身，终日与病床、与医院为伴，即使其寿命很长，那么也不能称之为健康。我国的公众营养学基础普及还比较滞后，加之一些不良生活及饮食习惯，导致我国社会群体中，与营养过剩或营养不平衡有关的慢性病呈逐年快速增加趋势，发病年龄呈逐年下降趋势。中国目前的高血压人群约1.6亿～1.7亿，高血脂人群约1亿，糖尿病人群约9 240万，超重或者肥胖人群7 000万～2亿，血脂异常的人群约1.6亿左右，脂肪肝患者约1.2亿左右。上述数据已经相当惊人，另一组统计数据显示，我国平均每30秒就有一人罹患恶性肿瘤，平均每30秒就有一人罹患糖尿病，平均每30秒就至少有一人因心脑血管疾病失去生命。上述疾病或亚健康状态大都与不健康的饮食习惯有关，我们可以称之为富贵病。在20世纪六七十年代，大家为吃饱饭困扰的年代，估计很少会有人关注“三高”、肥胖这些健康问题。但随着人们生活水平的逐渐提高，这些与饮食相关的慢性疾病逐渐出现在人们的视线里。导致人体疾病的十大因素中，由饮食直接导致的疾病，比如肿瘤、心血管疾病、内分泌系统疾病等，对人体的寿命影响占到了近20%。而与饮食间接关联的由高血压、高血糖、肥胖等问题导致的诱发疾病对人体的寿命影响也占有较高比重。因此，食品与健康问题是现阶段政府和群众关注的主要问题之一。

2.《"健康中国2030"规划纲要》

中共中央、国务院2016年10月颁布的《"健康中国2030"规划纲要》①中指出，健康是促进人的全面发展的必然要求，是经济社会发展的基础条件。实现国民健康长寿，是国家富强、民族振兴的重要标志，也是全国各族人民的共同愿望。推进健康中国建设，是全面建成小康社会、基本实现社会主义现代化的重要基础，是全面提升中华民族健康素质、实现人民健康与经济社会协调发展的国家战略，是积极参与全球健康治理、履行2030年可持续发展议程国际承诺的重大举措。未来15年，是推进健康中国建设的重要战略机遇期。经济保持中高速增长将为维护人民健康奠定坚实基础，消费结构升级将为发展健康服务创造广阔空间，科技创新将为提高健康水平提供有力支撑，各方面制度更加成熟更加定型将为健康领域可持续发展构建强大保障②。

纲要中指出，我国到2030年要具体实现以下目标：

人民健康水平持续提升。人民身体素质明显增强，2030年人均预期寿命达到79岁，人均健康预期寿命显著提高。

主要健康危险因素得到有效控制。全民健康素养大幅提高，健康生活方式得到全面普及，有利于健康的生产生活环境基本形成，食品药品安全得到有效保障，消除一批重大疾病危害。

健康服务能力大幅提升。优质高效的整合型医疗卫生服务体系和完善的全民健身公共服务体系全面建立，健康保障体系进一步完善，健康科技创新整体实力位居世界前列，健康服务质量和水平明显提高。

健康产业规模显著扩大。建立起体系完整、结构优化的健康产业体系，形成一批具有较强创新能力和国际竞争力的大型企业，成为国民经济支柱性产业。

促进健康的制度体系更加完善。有利于健康的政策法律法规体系进一步健全，健康领域治理体系和治理能力基本实现现代化。

纲要中对食品与健康、食品安全方面提出了明确规划，包括：

(1) 引导合理膳食

引导合理膳食，制定实施国民营养计划，深入开展食物(农产品、食品)营养功能评价研究，全面普及膳食营养知识，发布适合不同人群特点的膳食指南，引导居民形

---

① 中共中央、国务院：《"健康中国2030"规划纲要》，2016年10月25日印发。

② 中共中央、国务院：《"健康中国2030"规划纲要》，2016年10月25日印发。

成科学的膳食习惯，推进健康饮食文化建设。建立健全居民营养监测制度，对重点区域、重点人群实施营养干预，重点解决微量营养素缺乏、部分人群油脂等高热能食物摄入过多等问题，逐步解决居民营养不足与过剩并存问题。实施临床营养干预。加强对学校、幼儿园、养老机构等营养健康工作的指导。开展示范健康食堂和健康餐厅建设。到2030年，居民营养知识素养明显提高，营养缺乏疾病发生率显著下降，全国人均每日食盐摄入量降低20%，超重、肥胖人口增长速度明显放缓。

(2) 加强食品安全监管

加强食品安全监管，完善食品安全标准体系，实现食品安全标准与国际标准基本接轨。加强食品安全风险监测评估，到2030年，食品安全风险监测与食源性疾病报告网络实现全覆盖。全面推行标准化、清洁化农业生产，深入开展农产品质量安全风险评估，推进农兽药残留、重金属污染综合治理，实施兽药抗菌药治理行动。加强对食品原产地指导监管，完善农产品市场准入制度。建立食用农产品全程追溯协作机制，完善统一权威的食品安全监管体制，建立职业化检查员队伍，加强检验检测能力建设，强化日常监督检查，扩大产品抽检覆盖面。加强互联网食品经营治理。加强进口食品准入管理，加大对境外源头食品安全体系检查力度，有序开展进口食品指定口岸建设。推动地方政府建设出口食品农产品质量安全示范区。推进食品安全信用体系建设，完善食品安全信息公开制度。健全从源头到消费全过程的监管格局，严守从农田到餐桌的每一道防线，让人民群众吃得安全、吃得放心。①

二、食品与食品工业

1. 食品的定义

了解了食品与健康的关系后，那么，什么是食品，什么是食品工业呢？虽然我们每天都在摄取不同食品，但大多数人对于食品及食品工业的概念仍然比较模糊。

“食”字，相信大家都十分熟悉。中国汉字造字极具智慧。食字可以拆为上下两个字：“人”和“良”。这其中有两层含义：对人要良，即食对人有好处，有营养——这涉及食品营养问题；人要有良心，即食是人有良心的事业，要保障安全——这涉及食品安全问题。

那么，从我国的一些标准和法律层面上来看，食品的定义又是什么呢？《食品工

---

① 中共中央、国务院：《“健康中国2030”规划纲要》，2016年10月25日印发。

业基本术语》对食品定义：可供人类食用或饮用的物质，包括加工食品、半成品和未加工食品，不包括烟草或只作药品用的物质。[①]《中华人民共和国食品安全法》对食品的定义：食品，指各种供人食用或者饮用的成品和原料以及按照传统既是食品又是中药材的物品，但是不包括以治疗为目的的物品。[②] 另外，广义上的食品范畴还包括：所生产食品的原料、食品的添加物质、食品加工设施、食品原料种植养殖过程接触的物质和环境、所有直接或间接接触食品的包装材料以及影响食品原有品质的环境。因此，食品科学是涉及面相当广的一个学科，综合了物理、化学、生物学科的众多内容。

2. 食品工业

(1) 食品工业与社会经济民生

食品工业是“为耕者谋利、为食者造福”的传统民生产业，在实施“制造强国”战略和推进“健康中国”建设中具有重要的地位。食品工业一般包括以农业、畜牧业、渔业、林业、工业或化学工业的相关产品或半成品为原料，制造、加工、提取成为可食用品或半成品，具有连续而有组织的经济活动工业体系。

中国是一个有着13亿人口的大国，食品工业是关系国计民生的“生命工业”，也是一个国家、一个民族经济发展水平和人民生活质量的重要标志。食品工业是国民经济的支柱产业，也是保障民生的基础产业。按照国际分类标准，食品工业包括农副食品加工业、食品制造业、饮料制造业和烟草加工业四个大门类，进而再分为24个中门类和64个小门类。

食品工业长期以来一直是我国第一大制造业，食品工业有三大特点：(1) 增速快，从2000年至2014年全国食品工业年均增长速度达23%；(2) 产值高、体量大，2014年完成工业总产值约11万亿元，约占总GDP的20%；(3) 关系国计民生，连续15年在国民经济中居制造业首位。从福布斯排行榜统计来看，食品工业贡献了约10%的富翁。1978年中国的食品工业总产值473亿元(大约120亿美元)，用了23年的时间，到2001年中国的食品工业总产值超过了1 200亿美元，到2011年中国的食品工业总产值超过了12 000亿美元，从2001年到2011年只用了10年的时间又翻了10倍，每年的平均增长速度超过20%，高的年份可以达到30%以上，远远超过我国GDP的增长速度。截至2010年，我国的食品工业总产值超过了6万多亿元，已经超过了美国，跃居世界第一大食品工业国家。食品工业的发展与我国城镇居民

---

① 中华人民共和国国家标准，《食品工业基本术语》，GB 15091—95。

② 《中华人民共和国食品安全法》，2015年4月24日第十二届全国人民代表大会常务委员会第十四次会议修订。

人均收入也呈现相同的增长趋势。这说明什么问题呢？我们的收入逐渐增长，我们对于食品的投入也越来越高。我们对食品的丰富程度、品质、安全的追求都在一步步提高，人民的生活水平也在逐年提高。

(2) 我国食品工业的发展历程

改革开放以来，食品工业在我国的国民经济发展中、在社会发展中，是随着需求的变化而变化的。我国的食品工业发展大体经历了三个历程。第一个阶段：米袋子工程，解决主食供应和温饱问题。那时的百姓关注的是温饱问题，够不够吃。20世纪90年代以前，我们完成了吃饱的问题，解决了米袋子的问题。第二个阶段：菜篮子工程，解决副食品和食品丰富问题。温饱解决后，这个阶段的主要矛盾是什么？食物不够丰富。到20世纪末，我国人民第一次享受到了食物丰富带来的生活品质提高。第三个阶段：餐桌子工程。解决食品安全、美味、实惠、营养、方便问题。当米袋子丰富了，菜篮子殷实了，食品工业发展目标开始发生新的变化。所以，中国的食品工业在过去40年随着国民生活水平的提高发生了非常大的变化。随着工业化、城镇化及全球化的发展及人们收入水平的不断提高，食品工业的重要性越来越显著。但是，中国食品工业未来的整体发展仍面临诸多严峻挑战，食品工业承载着提高人民生活水平、带动农业发展、实现工业强国的希望和重托，这使得食品工业所面临的挑战更加突出。

3. 食品工业健康发展

人类在其文明的漫长发展中，是先学会如何制作食物的，而真正将食物发展成为工业产品，衍生出食品工业，那还是在1810年以后的事情，食品科学的诞生远落后于食品加工的出现，这与机械和电子等其他产业和科学正好相反。人们知道用盐腌肉或者晒干的肉干能保存很长时间，但不知道什么原因。食品科学成功地引领后续一系列食品加工技术的开发，促使现代食品工业迅猛发展，直接改变了人类的食物供应乃至生产方式。因此，如何实现食品工业的健康发展，引导人们认识食品与健康的相互关系，食品科技人员责任重大。食品科技的进步是支撑现代食品工业快速健康和可持续发展的重要保障，是确保国家食品品质营养与质量安全及粮食安全的重要环节，也是保证农民增产增收和资源高效利用与农业综合效益的重要手段。随着我国新型工业化、信息化、城镇化和农业现代化同步推进，“方便、美味、可口、实惠、营养、安全、健康、个性化、多样性”的产品新需求，以及“智能、节能、低碳、环保、绿色、可持续”的产业新要求已成为食品产业发展的“新常态”，也对食品加工制造产业科技发展提出了新的挑战。

国家发改委、工信部2017年发布的《关于促进食品工业健康发展的指导意见》中指出[①]:“十二五”期间,食品工业发展取得了突出成绩。主要表现在:一是产业规模持续壮大,支柱地位不断提升。2015年,规模以上食品工业企业39 647家,实现主营业务收入11.35万亿元,比2010年增长了87.3%,年均增长13.4%;主营业务收入占全国工业的比重从2010年的8.7%提升到10.3%。二是标准法规体系不断完善,食品安全保持较好水平。修订了《食品安全法》,发布了新的食品安全国家标准501项。食品安全示范城市和农产品质量安全示范县创建成效显著,食品安全风险监测能力和保障水平逐步提升。2015年,国家食品质量安全监督抽检合格率达96.8%。三是科技创新取得积极进展,技术装备水平持续提高。在食品非热加工、包装材料、在线监控等领域突破了一批关键共性技术,部分成果达到国际先进水平,自主创新能力明显增强。屠宰加工、饮料灌装、乳制品加工等重点领域装备技术进步加快推进,信息化、智能化水平不断提升。四是区域发展协调性增强,绿色发展水平不断提高。东部地区继续处于领先和优势地位,中部地区利用农业资源禀赋推动食品工业快速发展,中、西部地区食品工业增加值比重增加。食品工业大力发展循环经济,资源综合利用水平进一步提高,节能减排取得积极成效。

但是,食品工业发展中还存在一些突出问题:一是食品质量安全水平与人民群众期望尚存差距。源头污染问题突出,部分食用农产品存在超标使用农兽药和滥用添加剂现象,食品冷链物流建设滞后,食品生产加工销售过程质量安全问题时有发生,食品质量安全隐患依然存在。二是高品质食品有效供给不足。随着食品消费结构升级和生活方式的变化,消费者对食品的方便性、营养化和安全水平更加关注,但高品质食品供应与市场需求不相匹配,难以很好适应消费变化,消费者信赖的自主知名品牌不多。三是科技创新能力不强。食品工业基础研究薄弱,产学研用结合不紧密,加工技术储备不足。重大技术和高端装备依赖进口,自主研发水平较低。四是循环经济发展水平较低。部分行业副产物综合利用率不高,部分产品单位能耗、水耗和污染物排放仍然较高,节能减排压力加大。

今后一个时期,食品工业发展挑战和机遇并存。从国际上看,世界经济复苏乏力,食品跨国集团加快全球布局,不断提升核心竞争能力,对我国食品产业发展带来一定影响和挑战。另一方面,随着“一带一路”倡议的深入推进,以及各种国际贸易协定的签订,对外投资环境不断改善,有利于我国食品企业加快实施“走出去”战略。

---

① 国家发展改革委、工业和信息化部:《关于促进食品工业健康发展的指导意见》,发改产业〔2017〕19号。

从国内来看,中国经济进入新常态,一方面,增长预期放缓,人力、土地、环境资源保护等综合成本不断上升,食品工业保持高速发展难度加大;另一方面,食品消费需求呈刚性增长态势,随着消费结构升级,消费者对食品的营养与健康要求更高,品牌意识不断增强,食品工业发展模式将从量的扩张向质的提升转变。

因此,我国食品工业健康发展基本原则包括:

诚信为本、安全为基。强化企业质量安全主体责任,加强食品全产业链质量安全管理,健全食品安全诚信自律制度。营造良好市场环境,提高食品监管能力。实施品牌提升行动,强化食品品牌建设,培育国际品牌。

科技支撑、创新驱动。发挥科技创新的支撑作用,着力推进食品工业原始创新、集成创新、引进消化吸收再创新及创新示范,促进创新成果产业化,加快管理创新和商业模式创新,积极培育新产业新业态。

集约高效、绿色循环。着力化解过剩产能,加快培育先进产能。大力发展循环经济,提高精深加工和副产物综合利用水平,推进清洁生产和节能减排,促进食品制造绿色化,提高能源利用效率,实现食品工业与生态环境和谐发展。

协调推进、融合发展。加快推进新一代信息技术在食品工业领域的深度应用,提升产业发展质量和管理水平。健全食品产业链,推进食品工业转型升级与关联产业交融互动,促进一二三产业融合协调发展。

内外统筹、开放合作。统筹用好国际国内两种资源,构建渠道多元、供给稳定的进口保障体系,支持食品企业"走出去",加强与"一带一路"沿线国家的合作,推动形成互惠互利格局,提升食品工业开放发展水平。

我国的食品工业未来发展面临着以下重大的机遇和挑战:(1) 随着食品消费结构升级和人民生活方式的变化,消费者对食品的健康性、营养化和安全水平更加关注。营养化学品、功能糖类、功能油脂、发酵食品等健康食品(成分)的制造将受到进一步重视。(2) 目前我国食品工业循环经济发展水平和绿色制造水平仍然较低。发展食品工业绿色生物制造、废弃物生物治理、生物基降解包装材料等技术,对于促进我国食品工业循环经济发展水平,提升科技创新水平具有重要的战略意义。(3) 随着现代生物技术的发展,利用生物工程手段保障食品供给将成为未来食品工业领域的研究热点和发展方向。合成生物学、基因编辑、细胞工程等先进生物技术的发展,使得人造蛋白、人造肉类、微生物油脂等新兴食品来源能够保障食品供给安全。

综上,食品工业的发展能够满足人民群众日益增长和不断升级的消费需求、推动食品工业转型升级、保障国家粮食安全,满足小康社会城乡居民更高层次的食品需求。

三、食品领域的焦点——食品安全问题

1. 食品安全事件

食品安全问题不知从何时开始成为人们日常饮食中无法忽视的一个问题。近年来,接二连三的食品安全问题被曝光在公众的视野内,例如影响十分恶劣、重创整个中国乳品行业的“三聚氰胺”事件、性质恶劣的“瘦肉精”事件、“地沟油”事件等。这些百姓关心的柴米油盐酱醋茶问题,激起了民众对于食品安全的一轮又一轮担忧。食品安全问题不仅给民众造成了很大的心理恐惧与心理障碍,影响社会的安定,同时一定程度上还会影响到消费者对政府的信任。食品安全事件甚至会影响人们的饮食习惯,如研究发现当某一类食品出现问题的时候,这种产品可能存在的风险会使其消费量减少,例如牛奶、鱼类产品等对人体健康很重要的食品。那么,食品安全问题的实际情况,或者说应该关注的地方在哪里呢?下面是消费者经常会问到的几个问题。

2. 消费者的几个疑问

(1) 还有什么是能吃的?

大家可能有这种担忧:似乎每种食品、每个食品行业都或多或少出过问题,因而认为身边的任何食品都可能有潜在问题。什么是可以放心吃的?什么有潜在问题最好别吃?消费者心中常常有这类疑问。诚然,如果单纯从“担忧”这个点来讲,不管有没有被爆出食品安全问题,各种食品都存在潜在风险。因此,我们如果想吃得尽量安全的话,除了寄望于我国食品安全状况的总体改善,更需要了解食品消费知识,培养并提高日常消费时的自我甄别能力,例如:不要购买“三无”产品,了解食品包装信息,尽量挑选购买至少中等价位的食品等。

(2) 食品安全能做到零风险吗?

答案是不能,食品安全无法做到零风险。抛开人体自身与食物相互作用面临的风险,我们所食用的食物从产生的一刻起,每时每刻都面对着十分复杂的客观自然环境(土壤、空气、微生物等)。这些环境所产生的风险有已知的潜在风险,也有未知的。即使是属于人们的主观能动方面,也会有一些偶发事件,或者人力不可及的范围抑或是操作、保存成本问题。零风险对于食品安全来说是无法实现的——无论是

农家种植还是规模化种植，无论是初级农副产品还是经过深加工的食品，无论什么机构负责生产或监管，其食品安全都不可能承诺零风险。因此，对于食品安全问题，我们需要关注的不是承诺“零风险”，而是要将安全风险尽量降低，将安全风险保持在可控的范围。

近年来出现的各类食品安全事件的具体情况很复杂，原因也多种多样。有些食品安全事件是人为的，甚至主观恶意的，这些情况需要通过监管甚至是法律层面加以控制。但也有一些食品安全问题有偶发性，或由于现有技术缺陷导致，这些情况则需要食品科技人员结合现有技术手段加以控制或解决。上述道理大部分消费者都会认同，但在实际生活中，消费者往往无法冷静应对了。只要媒体报道哪个企业或哪些产品出现了风险或问题，经常是问题发生的原因还未查明，消费者开始纷纷表态，舆论也开始口诛笔伐，给食品生产企业定性了。为什么事态会这样发展呢？除了大家对于食品问题的敏感神经被触动外，消费者潜意识里还是认为食品安全是应该得到绝对承诺的，是完全不应该发生任何食品问题的。

(3) 为什么食品安全事件越来越多？

这个问题得从以下几个方面解读：首先，消费者越来越多地关注食品安全；其次，政府也在逐渐重视食品安全问题；基于以上两点，媒体、企业也越发关注食品安全问题。

实际上，“越来越多”这个问题可以从以下两方面解释。一方面，出于大家对身体健康的考虑和以往一些媒体报道的影响，大家对于食品安全问题极为关注。为了吸引大众的眼球，确实有一些媒体以宣传食品安全知识为噱头，将一些没有健康风险的现象或者不属于食品安全问题的现象渲染成了食品安全问题。更有甚者将事实夸大或无中生有一些假象，造成消费者形成社会上时常出现食品安全事件的感觉。较为突出的一些案例包括蜂蜜中掺入果糖的“蜂蜜掺假事件”、面粉经染色制成小米、玉米馒头的“染色馒头事件”和用塑料为原料加工制作紫菜的“假紫菜风波”等。另一方面，随着世界科技水平的发展，尤其是随着仪器分析技术的进步和检测灵敏度的提高，使得人们能够发现或检测出更多以往未被检测出的具有潜在食品安全风险的各种成分，例如霉菌毒素：脱氧雪腐镰刀菌烯醇(Deoxynivalenol，DON)，以往只能半定量检测该物质，采用高分辨分析仪器后，则能够定量检测出其化合物本身及有害的衍生物等。一些新发现、新检测出的潜在风险物质，配合上不恰当的宣传，也会使得公众感觉食品安全问题时有发生。

综上，食品的安全问题是与我们每个人的生活息息相关的，但是作为消费者，应以科学、理性的态度来面对各类食品安全问题，政府和企业则应该为消费者日常食品消费保驾护航。

(4) 是不是以前的食品就更安全?

人们在物资短缺时代忽视了食品的安全问题,能够吃饱是首要问题。以前为提高口感在冰棍里所添加的糖精、色素,如今却成为非法添加物。

在现代食品种类数量以及流通范围广泛的基础上,这一庞大基数决定食品安全问题的"激增",此外,还与个人安全意识的提高和媒体曝光率有关。然而,从绝对角度来讲,以前的食品并不见得比现在更安全。据一项调查结果显示,由于以前生活条件的艰苦,人们吃的陈米和发霉食物比现在多;虽然以前生态污染问题较少,但高毒农药如敌敌畏和六六粉的使用使得农村蔬菜并不比现在"绿色"。

(5) 能不能别放食品添加剂?

首先,食品添加剂不等于违法添加物。消费者常常谈及食品添加剂色变,这其中的主要原因是混淆了食品添加剂和非法添加物的概念,把一些非法添加物的罪名扣到了食品添加剂的头上。按照《中华人民共和国食品卫生法》中定义:食品添加剂是为改善食品的品质和色、香、味以及为防腐和加工工艺需要而加入食品中的化学合成或天然物质,是为提高食品的质量,改善食品的风味,促进食品工艺的改革,充分利用资源进行食品深加工。绝对健康的身体状态的确是不需要摄入任何添加剂,但添加剂之所以存在也有益处:可提高食品的品类以及方便程度。人们要在规定情况下摄入食品添加剂,对风险的评估也可以制定出"限量值",这样就能在最大限度内享受产品带来的益处。

消费者在不信任风险评估,或不愿意进一步明晰是防腐剂还是增香增色的情况下可以拒绝购买。当前经由生产渠道出产的大部分食品注明了添加剂的使用情况,当三分之一的消费者因添加剂的使用而放弃购买该食品时,会引起生产添加剂和食品企业倒闭一半。消费者拥有的基本权益(选择权和消费权)决定了他们是影响食品添加剂行业的"第一责任人",例如消费者不再需要增色增香的添加剂时,市场就没有对于这类添加剂的需求了。

四、绿色食品发展

1. 什么是绿色食品?

随着经济水平的发展、社会的进步,消费者会越来越对食品安全问题、营养问题提出更高的要求,这对绿色食品发展来讲是巨大的机遇。那么,什么是绿色食品?

相信大家在日常生活中都看到过绿色食品的标识或听说过绿色食品的概念。那么，通常来说，狭义的绿色食品是指产自优良生态环境、按照绿色食品标准生产、实行全程质量控制并获得绿色食品标志使用权的安全、优质食用农产品及相关产品。

但我们希望引导大家从广义的视角来思考绿色食品。在党的十八届五中全会上，习近平总书记提出了绿色发展的重要理念。具体到绿色食品发展，可以理解为从田间到餐桌，整个生产流通过程以人与自然和谐为价值取向，以绿色低碳循环为主要原则，以生态文明建设为基本抓手。生产方式更加环境友好，低碳循环。可以理解为是食品的绿色生产模式、食品的绿色消费模式以及食品的绿色经济发展模式。绿色食品从广义上来讲，是生态文明建设的一个重要的组成部分，或者说是一个具体的实践内容。发改委和工信部关于促进食品工业健康发展的指导意见中也指出，我国食品工业目前的发展主要存在的突出问题包括：食品的质量及安全水平与群众的期望尚存在差距，高品质食品有效供给不足，科技创新能力不强，循环经济发展水平较低。

因此，如何实现食品工业的绿色发展呢？食品工业的绿色发展不仅仅是生产厂家或是政府单方面的义务，作为食品流通环节中的消费者也同样可以发挥巨大的作用。因此，绿色制造、绿色监管与绿色流通是绿色食品发展缺一不可的要素。

2. 绿色食品新思路

(1) 绿色制造

绿色制造技术的基本内涵是“对健康友好，对环境友好”。《“十三五”国家科技创新规划》在“发展现代食品制造技术”部分中强调，要遵循现代食品制造业高科技、智能化、多梯度、全利用、低能耗、高效益、可持续的国际发展趋势，在加工制造方面，要攻克绿色加工、低碳制造和品质控制等核心技术，有效支撑食品加工产业技术升级。绿色制造离不开食品科学与工程方面的科技发展。前面提到了，食品学科是综合了物理、化学、生物内容的综合性学科，食品工业科技的发展不仅涉及科学问题，例如品质安全、功能营养等，同时也涉及工程问题，包括研究平台、装备制造、产品开发。食品工业绿色制造离不开科学及工程两方面共同的绿色发展理念。由于食品科技的复杂性，热门的绿色食品发展方向可以细分为如下很多类，如食品香料香精研究领域、乳品科学研究领域、肉品科学研究领域、谷物加工科学研究领域、果蔬贮藏与加工科学研究领域、功能性糖科学研究领域、蛋白质科学研究领域、食品酶制剂科学研究领域、天然食用色素（着色剂）科学研究领域、食品风味化学科学研究领域等。

《“十三五”国家科技创新规划》指出要发展现代食品制造技术，遵循现代食品制造业高科技、智能化、多梯度、全利用、低能耗、高效益、可持续的国际发展趋势，围绕标准化加工、智能化控制、健康型消费等重大产业需求，以现代加工制造为主线，加快高效分离、质构重组、物性修饰、生物制造、节能干燥、新型杀菌等工程化技术研发与应用；攻克连续化、自动化、数字化、工程化成套装备制造技术，突破食品产业发展的装备制约；重视食品质量安全，聚焦食品源头污染问题日益严重、过程安全控制能力薄弱、监管科技支撑能力不足等突出问题，重点开展监测检测、风险评估、溯源预警、过程控制、监管应急等食品安全防护关键技术研究；围绕发展保鲜物流，开展智能冷链物流、绿色防腐保鲜、新型包装控制、粮食现代储备、节粮减损等产业急需技术研发；以营养健康为目标，突破营养功能组分稳态化保持与靶向递送、营养靶向设计与健康食品精准制造、主食现代化等高新技术。力争到2020年，在营养优化、物性修饰、智能加工、低碳制造、冷链物流、全程控制等技术领域实现重大突破，形成较为完备的现代食品制造技术体系，支撑我国现代食品制造业转型升级和持续发展。[①]

国家发改委、工信部2017年发布的《关于促进食品工业健康发展的指导意见》中也指出[②]，推进绿色制造，具体包括：探索资源节约和环境友好的食品工业可持续发展模式，支持食品加工园区的循环化改造，引导企业建设绿色工厂，加快应用节水、节能、节粮等高效节能环保技术装备。强化资源循环利用，鼓励企业加强副产物二次开发利用，提高资源综合利用水平。严格落实国家“去产能”有关政策，依法加快淘汰污染严重、能耗水耗超标的落后产能。

绿色制造有些什么特点呢？为了让大家更好地理解绿色制造，这里举一个功能性低聚糖研发生产的例子。功能性低聚糖的绿色制造有什么特点呢？原料低值、制造技术科技含量高、产品有益健康、产品附加值高，更重要的是，制造过程绿色环保。

功能性低聚糖（functional oligosaccharide），或称功能性寡糖，是由2～10个单糖单位通过各类糖苷键连接形成的直链或支链低聚合度糖。目前研究较为充分的功能性低聚糖包括低聚果糖、低聚木糖、低聚半乳糖、低聚异麦芽糖、壳寡糖、昆布寡糖、低聚甘露糖、大豆低聚糖等。人体消化系统内一般没有水解它们的酶系，因而功能性低聚糖大多不被消化吸收而直接进入肠道内优先为双歧杆菌等益生菌所利用，被称为益生菌的增殖因子（益生元）。此外，研究显示一些功能性低聚糖还具有抗氧

---

① 国务院：《“十三五”国家科技创新规划》，国发〔2016〕43号。

② 国家发展改革委、工业和信息化部：《关于促进食品工业健康发展的指导意见》，发改产业〔2017〕19号。

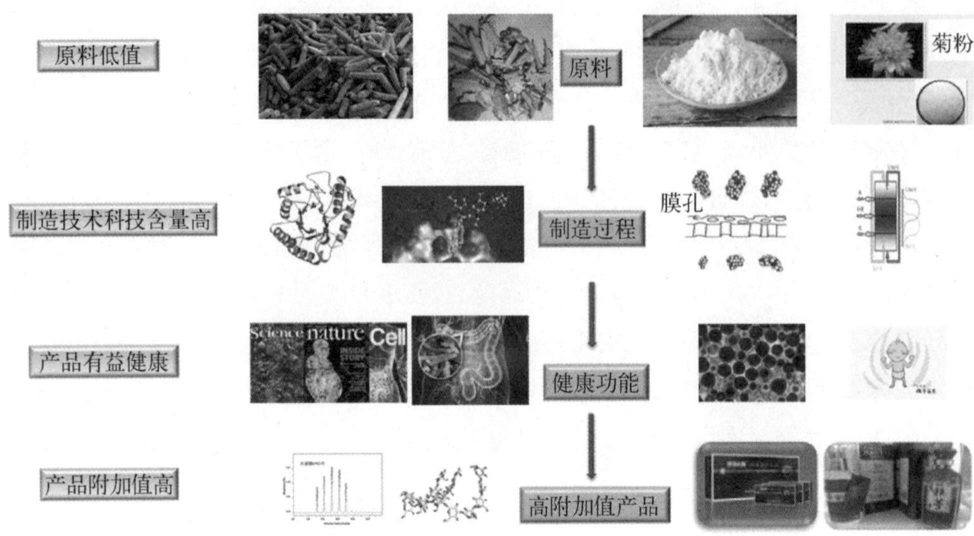

图 6.2　绿色制造实例——功能性低聚糖

化、抗肿瘤、调节血糖、提高免疫力等生理功能，是一种重要的食品功能因子。

功能性低聚糖的制备是食品绿色制造的一个典型案例。

首先，功能性低聚糖制备的原料主要为低值的食品原料，如淀粉、菊粉；海洋多糖资源，如海藻、虾蟹；以及农业废弃物，例如玉米芯、菌菇根等。功能性低聚糖的生产制备对于农产品精深加工、农业废弃物的资源化利用以及对于农业循环经济发展具有重要意义。这些低值原料的深加工对于农产品的高附加值转化以及产业良性发展具有推动作用。

其次，功能性低聚糖制造技术科技含量高。聚糖的定向水解需要特定的糖苷水解酶参与，功能低聚糖的发掘与制备涉及食品科学中酶学及糖生物学的应用；对于低聚糖产品的分离纯化，涉及食品工程中的膜分离技术及色谱分离技术。功能性低聚糖生理功能的研发涉及食品营养学、食品消化吸收机制等方面的研究。功能低聚糖的整个开发与制造过程科技含量高，形成了一系列具有自主知识产权的新技术。上述功能性低聚糖的绿色制造对于新资源食品的发展以及人体健康都提供了可靠保障。

最后，功能性低聚糖作为一种新型食品添加剂或者功能食品，常作为一种新型甜味剂或食品功能因子，在许多加工食品中均展现出良好应用前景。由低值产品转化制备低聚糖，产品附加值高，能够促进食品企业及相关食品工业良性发展。

因此，食品的绿色制造与食品科技人才培养及食品科研工作密切相关。只有企业需求与食品科技人才培养、食品科研三者紧密结合，产学研相结合，才能促进食品的绿色制造。

(2) 绿色监管

什么是绿色监管？绿色监管不是面面俱到什么都管。绿色监管主要涉及的还是食品安全的风险控制管理问题。1996年，世界卫生组织在其公布的《加强国家级食品安全性计划指南》中对食品安全性的官方解释为："食品安全性是对食品按其原定用途进行制作和食用时不会使消费者受害的一种担保。"食品的安全关系到政府的形象、企业的发展、公众的利益与健康、社会的稳定以及国际贸易的稳定。

那么，食品安全面临的危害主要有哪些呢？我们可以统计为以下三类：(1) 生物类危害，包括真菌、细菌、寄生虫、病毒及其毒素，其后果可导致各类身体不适、急慢性疾病甚至死亡，如沙门氏菌、克洛诺杆菌、肉毒杆菌、甲肝病毒等；(2) 化学危害，食品中的化学危害可分为自然形成的、间接引入或直接加入的，包括农药残留、天然毒素、兽药残留、重金属、滥用食品添加剂等；(3) 物理危害，食品在生产、加工、储运过程中引入食品的某些杂质超过了规定含量，或者被食品吸附、吸收的外来放射线所引起的食品安全或食品质量问题。

从业内研究分析数据统计来看，微生物类食源性疾病才是当今食品安全的头号敌人，食源性疾病中98.5%是致病微生物污染引起的，常见的包括食物中毒、肠道传染病、人畜共患病、寄生虫病等。它们的发病率高居各类食品安全引发疾病总发病率的前列，是全世界食品领域公认的食品安全头号难题。我国卫生部门每年收到的食物中毒案例约为600～800起，死亡上百例。其次是化学类污染，包括农药残留、兽药(抗生素)残留、重金属污染、天然毒素等，排到最后的案件才是食品非法添加和食品添加剂滥用类事件。

食品安全中的绿色监管如何理解呢？

国家监管部门对于食品安全的保障，不是完全消除食品潜在危害，而是将食品风险科学监管，控制在可接受范围内。因此，食品的生产环节不是要承诺零风险，而是根据现有技术，将产品的风险尽量降低，降到可以控制的范围内。上述叙述可能较难理解，我们举例说明：例如粮食霉变会产生真菌毒素(如黄曲霉毒素)，而许多真菌毒素是强致癌物，这会严重危害公众安全，造成食品安全事故。理想中的情况是把粮食中的真菌毒素检出标准定得越严格越好，最好不得检出真菌毒素。但是，产品标准每提高零点一个百分点，就可能意味着几千万斤粮食被废弃。那么，如果对于一个粮食紧缺的国家或地区，是选择饥饿还是选择提高粮食消费人群十几万分之一的致癌概率呢？可能答案不言而喻。因此，绿色监管首选科学地进行危害性的评估，并综合考虑国情、行业发展状况、居民饮食习惯、企业生产实际、市场消费水平、监管的可行性等，对食品中的危害进行合理、有效控制。

以微生物类食品安全风险的监管为例。一般来说，各类食品标准中的卫生指标有助于判断该食品是否安全，并进一步预测该食品可能造成的危害风险程度、潜在危害的类型。食品标准中微生物类风险的监测指标主要有：菌落总数、大肠菌群、致病菌。

① 菌落总数

食品样品中的菌落总数通常以每 g(/g)或每 mL(/mL)食品中的细菌总数来表示，但不考虑其中的微生物种类。对加工设备、包装材料和工器具表面用每平方厘米面积表示。这其中由于所采用的检测计数方法不同，总体微生物指标一般有两种表示标准，一是菌落总数，二是细菌总数。目前我国通行的食品卫生标准中均采用的是菌落总数作为标准，其单位为 cfu/g(mL)。菌落总数的检测一般有两方面的意义：首先，其作为食品样品被污染程度的指标。食品样品中的菌落总数一般能反映出该食品新鲜程度、食品是否变质或者食品生产过程卫生状况是否达标。通常，样品检测出的菌落总数越多，说明该食品样品的微生物污染程度越严重，腐败变质程度越高。其次，菌落总数可用来预测该食品未来的存放期限。值得注意的是，菌落总数作为指标，只有将其和其他指标相结合，才能充分评估食品卫生情况，作出较为准确的判断。例如，某些食品中有时菌落总数检出较多，但食品并未出现腐败变质的现象。

② 大肠菌群

大肠菌群是一种卫生细菌领域的用语，其并非细菌学的分类命名。大肠菌群并不代表某一个或某一属微生物，而是特指一组与粪便污染有关的细菌，这些细菌在血清学及生化方面并非一致。大肠菌群的定义为：需氧及兼性厌氧，在 37℃条件能够分解乳糖并产酸、产气的革兰氏阴性无芽孢杆菌。大肠菌群细菌一般包括大肠埃希氏菌、柠檬酸杆菌属、产气克雷伯氏菌和阴沟肠杆菌等。大肠菌群中的典型微生物是大肠埃希氏菌，又被称为典型大肠杆菌，其他三个属微生物一般被称为非典型大肠杆菌。大肠菌群在众多培养基或食品上均能生长繁殖；其最显著的特点是能够分解乳糖而产气。样品中大肠菌群均直接或间接来源于人及温血动物的粪便。因此，大肠菌群检测的食品卫生学意义有两个：首先，其可作为食品被粪便污染的指标；其次，其可作为食品被肠道致病菌污染的指标。

大肠菌群作为食品安全监测指标的原因包括：大肠菌群种类数量多，是温血动物肠道中的优势微生物，其检出率高；大肠菌群在环境中的存活时间与一般的肠道致病微生物基本一致；大肠菌群对杀菌剂的抵抗能力与一般的肠道致病微生物基本一致；大肠菌群检测操作简单，无需复杂的检测设备，便于推广；大肠菌群检测灵敏度较高。

③ 致病菌

食品中致病菌的检测标准是食品安全标准的重要组成部分之一。我国食品安全国家标准《食品中致病菌限量》中提出了金黄色葡萄球菌、沙门氏菌、副溶血性弧菌、大肠埃希氏菌、单核细胞增生李斯特氏菌等几种主要致病菌在水产制品、肉制品、即食加工果蔬、粮谷类制品、饮料等多种不同食品中的检测指标。其中，消费者比较熟悉的沙门氏菌，其在各种食品中的检出值均为0，也就是说，食品中不得检出这类致病菌。几乎所有的食品标准均规定：食品中不得检出致病菌。因为一旦食品中含有致病菌，消费者食用后会有发生食物中毒的风险。食品致病菌的种类繁多，但相对来说，大多数情况下食品中污染的致病菌数量不会太高，因此难以对所有的致病菌逐一进行检测。此外，一些食品致病菌的检测存在着局限性，加之微生物检验方法本身存在的误差，对于准确判断食品的致病菌种类数量造成困难。因此，在实际的食品检测过程中，需根据不同食品样品的特点，选定有代表性的致病菌作为监测的重点，并以此来判断食品样品中是否有致病菌的存在。

此外，加强食品加工过程安全控制是全球食品行业的研究热点。例如近年来新认识到的加工食品丙烯酰胺问题。大家知道，丙烯酰胺是一种致癌物质。2002年，Mottram和Stadler首次提出食品中氨基酸和还原糖等组分在加热过程中通过美拉德反应生成丙烯酰胺。后续研究发现烘焙、油炸食品，如面包、饼干、薯条等中，均存在一定数量的丙烯酰胺。因此，丙烯酰胺的控制措施逐渐引起了人们的重视，近年来荷兰帝斯曼公司和丹麦诺维信公司分别开发耐热L-天冬酰胺酶，有效控制丙烯酰胺的生成。美国、加拿大、世界卫生组织/联合国粮农组织（WHO/FAO）等国家与机构率先制订了相关标准。这是一条从科学研究到生产到监管的良性过程。

又如，由于对复杂食品组分和加工过程体系下危害物产生及控制理论目前研究尚存疑问，生物胺和氨基甲酸酯类（腌制发酵食品）、苯甲酸（乳制品）、反式脂肪酸（烘焙烧烤食品等）、丙烯酰胺（油炸烘烤食品等）等相关食品安全问题频发，一直缺乏有效预警和控制手段。因此，食品加工与安全的互作关系和调控基础研究对实现国内食品安全问题有效预警和控制、食品安全和食品工业协调稳定发展有着重要意义。2017年，我国重大专项中的一项重点研究内容：重点围绕乳制品、发酵食品和油炸烘焙食品等典型食品，解析加工过程中多源危害形成及相互作用规律，开展食品加工过程中杂环胺、多胺、致敏原等危害因子的产生、迁移、积累的动态过程及其调控基础研究，探索危害干预、阻断、控制与消除的关键分子机制；研究传统发酵食品加工过程中微生物和酶对危害物及其前体的转化规律，确定生物危害定向调控策略。针对典型/新型食品加工工艺，研究热效应对食品特征危害的产生与积累的影响规律与阻断机制；研究食品加工消毒过程中有害物质形成机理，研究新型消毒机理及制剂，开展消毒剂消毒效果和消毒副产物危害性评价。以上研究结果能够通过食品科学研究揭示食品加工、食品工程方面的潜在风险问题，为解决上述潜在的食品安全问题奠定理论基础。

国家发改委、工信部2017年发布的《关于促进食品工业健康发展的指导意见》中也指出[①]：促进食品工业健康发展的细则包括增强监管能力，提高安全水平。

完善食品安全法规标准。加快修订出台《食品安全法实施条例》，制(修)订食品标识管理、食品安全事件调查处理、食品安全信息公布、食品安全全程追溯、诚信体系建设、进出口食品安全监督管理等方面的法规及规章制度。制(修)订食品安全国家标准、检验方法标准等，加快与国际标准对接。完善食品安全“黑名单”“红名单”制度，对列入“黑名单”的企业给予严厉惩罚和重点监管，列入“红名单”的企业给予国家优惠政策的优先和重点支持，形成失信联合惩戒、守信联合激励机制。

强化食品产业链全程监管。建立统一权威的食品安全监管体制，加强部门联动、协调配合，提高监管工作的系统性、协调性和一致性。强化食用农产品质量安全源头治理，实施专项治理工程，推进农业投入品的规范化管理和安全使用，健全食用农产品产地环境质量监测和评价机制，保护食用农产品产地环境。规范加工制造、仓储物流、批发零售、进出口等各环节的生产经营行为。实施食品安全监管行动计划，全面加强现场检查，实现食品安全抽检品种全覆盖，强化食品安全治理整顿，全面保障食品质量安全。

提升食品安全监管和技术支撑能力。推动食品安全检验检测资源整合，构建科学高效的食品安全检测体系。健全食品安全风险交流制度，提升风险监测和风险评估水平。强化食品安全应急处置能力，完善突发事件应急处理和追究机制。加强基层监管能力建设，提高食品安全监管基层机构执法装备标准化配备率，有效改善基层基础设施条件。健全基层食品安全监管执法规范化、标准化管理制度，规范监管职责、任务、程序、标准，提升食品安全监管规范化管理水平。

---

① 国家发展改革委、工业和信息化部：《关于促进食品工业健康发展的指导意见》，发改产业〔2017〕19号。

(3) 绿色流通

最后，我们来看绿色流通。食品的流通涉及了企业、消费者、政府三个方面。这里所述的绿色流通主要是指消费者，尤其是具有科学知识背景的读者们在食品的绿色流通中应该做到什么。

“我才不需要了解这么多，只要企业生产出安全的食品就行!”这种认为消费者无需了解食品安全常识，食品安全的责任和义务在于生产企业的人并不在少数。其实，了解食品安全的常识对于我们提高自身生活品质十分有益，但与此同时，企业促进食品安全与消费者食品安全的普及也有关系，这是由于选择决定权在消费者手中。在市场导向之下，企业在生产食品时一定会考虑原料、设备、人力和检测等成本问题，换言之，“安全的食品”的生产存在一定成本。同时，消费者具备一定的食品安全常识后，其还可以成为更好的食品安全“监督者”，促进社会食品安全环境进步。

因此，这里所强调的绿色流通对于消费者来说，最重要的是科学精神——做一个有社会责任感的消费者。现在网络、社交软件，尤其是中老年人的微信朋友圈中经常充斥着很多与食品安全有关的消息，今天这个不能吃，明天那个不能吃。仔细甄别的话，会发现其中很多都是网络谣言。常见的如有媒体报道市面上的紫菜是塑料做的，肯德基炸鸡翅的鸡长有 4 对翅膀，西瓜注射糖精、注射染料，等等。这些最终经证实都是一些谣言或误导。那么，作为接受过系统科学教育的读者，大家应该运用所学化学、物理、生物知识，理性评估网络消息。在遇到各类食品相关信息时，做到冷静判断，不信谣，不传谣，做一个有社会责任感的消费者。了解食品与健康的相关知识既有助于维持自身的健康，也能通过自身向家庭和全社会普及食品与健康的理念。

此外，个人在食品消费过程中应该注意三点：

① 合理膳食，从自身健康做起。

随着生活水平的提高，人类的膳食结构逐渐发生转变，人们开始大量摄入肉类蛋白和“高热量食品”(精制糖、精炼脂肪、油、牛肉等)。过量的能量摄入和不合理的膳食结构均会对个体健康形成负担。我国卫计委疾控局发布的《中国居民膳食指南(2016)》建议，我国居民每天的推荐膳食包括水果蔬菜类、谷薯类、鱼蛋畜禽奶类、坚果大豆类等食物。个人摄入食品种类应达到日均 12 种以上，每周 25 种以上；运动量上，每个人不仅应该保持每天锻炼的习惯以维持健康体重，每周中等强度的运动频率应大于 5 次，时间不能少于 2.5 小时；对饮食习惯也有要求，要多摄入蔬菜水果，以及多种类的奶制品，常吃豆制品以及适量的坚果、鱼肉禽蛋。注意少吃肥肉、烟熏和腌制的肉；另外对于食盐和烹调油的使用不超过 6 克和 25～30 克，白开水的饮用上成人日均约为 7～8 杯(1 500～1 700 毫升)。此外,《中国居民膳食指南(2016)》对 2 岁以上的健康人群提出了六条核心的推荐:吃动平衡,健康体重;食物多样,谷类为主;多吃奶类、蔬果、大豆;适量吃肉、鱼、禽、蛋;少油少盐,限酒控糖;杜绝浪费,兴新食尚。

② 掌握日常食品标签中的知识。

这里所指的食品标签是标示或附于各类食品包装、容器或食品本身上的一切文字、图形、吊牌、附签、符号说明物等。食品标签是对该食品特性、质量、安全、储存、食用饮用须知的描述。食品的标签、标注是反映售卖食品的本身品质及其他重要信息的有效方法。通常来说,消费者在购买食品时首先是通过食品标签中的文字、内容来了解该食品的特征和品质的。食品标签的基本内容包括:食品的名称、配料表、生产(包装)日期、净含量、贮藏说明、固形物含量、产品标准号、保质期、质量等级、生产者(经销商)的名称以及地址产地等。[①] 此外,我国实施生产许可证管理的食品,还需加贴(加标)食品生产许可证的编号以及 QS 标志。食品标签上不仅仅只有生产日期、保质期,还有许多重要的信息,能够帮助消费者判断食品质量、合理选择食品。充分认识食品标签,可参考食品安全国家标准《GB 7718－2011 预包装食品标签通则》。

一般来说,食品包装的以下一些信息应重点关注:

关注 QS 生产许可标志。QS 标识代表着被食品生产许可的厂家,而标志的缺失则代表未被认可,存在安全问题,因而不建议购买;对于存在 QS 标识的食品产品,则可以通过其包装上标注的食品生产许可证标号进行备案查询,从而确认该食品的安全。

关注食品配料表。消费者可以根据食品的配料构成来选择自己需要的食品,尤其是消费者应该知晓配料表中组分的顺序是按照其使用量按顺序进行排序的(食品添加剂除外)。因此,从食品配料表中,消费者不仅可以了解食品的构成,还可以根据自身的情况及生活习惯进行选择,例如对于需控制糖摄入或者有过敏体质的消费者,需要仔细选择适合自己的食品。合法合规的食品产品,其添加剂的种类和使用分量默认都是安全的、符合法律法规的,但是某些特殊人群不能食用某些添加剂。比如苯丙酮尿症的患者不能食用阿斯巴甜,糖醇会引起肠胃敏感的人拉肚子,因而消费者需要通过配料表辨明食品中是否有忌口的组分。

注意食品生产日期、保质期以及储存条件。首先,过期的食品存在安全隐患,消费者当然不能购买。一些濒临保质期的食品在购买时需要评估是否能够食用完。

① 胡晓江:《新读食品标签标准》,《大众标准化》,2010 年第 6 期。

此外，贮存条件也对食品安全有影响，不同种类的产品要求相异的环境，例如：不同食品储存条件不尽相同，有的需避光保存，有的需低温(0℃～4℃)保存，有的则室温保存即可，还有的食品未开封时可室温保存，开封后需放在0℃～4℃低温保存等，关注这些信息更加能保证我们的饮食安全。保存条件不当会导致食品营养成分下降、保质期缩短甚至变质。

营养成分表。一般营养成分表上会标注能量、蛋白质、脂肪、碳水化合物等，都是基本营养物质。功能性的产品还会强调各种维生素、微量元素含量。消费者可以根据营养成分表合理安排一天的能量摄入(图6.3)。

营养成分表

项　目	每100克(g)或100毫升(mL)或每份	营养素参考值%或NRV%
能量	千焦(kJ)	%
蛋白质	克(g)	%
脂肪	克(g)	%
——饱和脂肪	克(g)	%
胆固醇	毫克(mg)	%
碳水化合物	克(g)	%
——糖	克(g)	
膳食纤维	克(g)	%
钠	毫克(mg)	%
维生素A	微克视黄醇当量(μg RE)	%
钙	毫克(mg)	%

图6.3　食品营养标签示例

包装中的提示信息及使用方法。尤其是一些过敏源信息对于过敏体质的消费者尤其重要，坚果、蛋、大豆、奶、鱼、海鲜、小麦、花生是八大类比较常见的食品过敏源。过敏体质的消费者甚至还要注意这个食品的生产车间或流水线中有没有曾经生产过令你过敏的食品。比如某些消费者只对花生过敏，那么其购买榛子巧克力时也要留意包装上是否注明“此生产车间也生产包含杏仁、榛子、花生……的产品”等类似的标签。此外一些使用方法信息或者产品不适用人群信息也值得注意。

③ 学会评估食物风险。

什么样的食品是高风险食品，怎么规避食品风险？日常饮食及购买食品时可以根据自身掌握的知识合理评估食品中化学物及生物性因素的潜在风险。包括食品添加剂、农药残留及其他农业用化学品、兽药残留、不同来源的化学污染物及天然毒素等，以及生物类的致病性微生物及其毒素。

常见的可能遇到的高风险类情况包括：豆类、玉米、花生发霉，其中含真菌毒素；夏季凉拌菜容易引入致病微生物导致腹泻、呕吐等症状，需留意制作过程卫生情况；腐败鱼虾有引发组胺中毒的风险；高温烹调的肉类食品（烧烤、煎炸肉类）热解的产物中具有致癌、致突变的氨基咪唑氮杂芳烃类物质，几乎所有经过高温烹调的肉类食品都有致突变性，因此尽量减少食用烧烤、煎炸类食物，不吃烹饪过程中烧焦的食品，或者需将烧焦部分去除后再食用；发芽土豆中其幼芽以及芽眼部分区域的龙葵碱的含量会大幅升高，达到0.3%～0.5%。当其中的龙葵碱含量达到0.2%～0.4%以上时，食用后即可引起人体中毒，龙葵碱对于人体胃肠道黏膜具有强烈的刺激作用，对人体呼吸中枢具有麻痹作用，会引起脑水肿，重症时甚至可因呼吸麻痹导致死亡；未煮熟煮透豆浆中含有皂苷、胰蛋白酶抑制素等毒素，如若生豆浆煮沸时加热不彻底，其中的毒素没有被高温破坏，人体饮用后即会引起食物中毒，当豆浆加热至80℃左右时，会产生许多泡沫，这是一种“假沸”现象，豆浆实际尚未煮沸，需进一步加热；购买路边摊贩食品时多注意评估其卫生情况，包括从业者自身卫生习惯、食材新鲜程度、加工工艺是否健康等。

总之，希望具有科学精神的读者树立起良好的食品消费价值取向，建立理性的消费观，承担起消费者的社会责任。从个人做起，感染、启发身边的人，最终促进整个社会建立起合理的饮食习惯、理性的食品消费意识以及食品安全理念。

第七章　绿色法律：可持续发展的法律保障

本章问题

1. 作为一名公民，如何行使自己的环境权？
2. 固定污染源监管制度有哪几种类型？
3. 什么叫生产者责任延伸制度？
4. 中国应当如何积极参与全球气候变化治理的行动？

生态文明建设是关系中华民族永续发展的千年大计。在中国生态文明建设的过程中，如何解决经济的可持续发展与生态环境保护之间的不协调性日益成为社会关注的焦点。以习近平同志为核心的党中央提出了绿色发展的对策，把环境保护与生产力相联系，将绿色发展上升到国家战略决策。绿色发展作为党的十八届五中全会提出的五大理念之一，是高质量发展的基本内涵，也是解决我国当前突出环境问题的根本对策。由于绿色发展之路离不开法治的引导、保障和规范，因此需要推进生态建设领域的国家治理体系和治理能力现代化。党的十九届四中全会就提出了"坚持和完善生态文明制度体系，促进人与自然和谐共生"的要求。简而言之，绿色法律的内涵就是实现绿色发展的法治化保障，充分运用法治手段促进和保障绿色发展、低碳发展与循环发展的健康运行，建立健全环境与资源、绿色科技、循环经济促进法律、绿色能源、资源废弃物再利用等方面的相关法治体系。

一、绿色法律的内涵解读

1. 绿色法律的概念

(1) 绿色法律的定义

绿色法律是"绿色发展法治化"的简称，是指促进和保障绿色发展的法律治理体系。"绿色"是生态环境的本来面容。从生态伦理的视角观察，人类曾经历了"人的极端"(以人为中心生态伦理观)到"环境的极端"(以非人类为中心生态伦理观)，但最终经过探索实践确认了可持续生态发展观的主导地位。绿色发展理念实际上是可持续发展生态观在我国生态文明制度体系的具体实践,而践行绿色发展理念的效果如何,关键在于保障绿色发展的法治体系与法治能力是否完善和有效。

现代社会的绿色发展观念可以追溯到20世纪中叶。人类文明与经济的发展长期习惯于对大自然的予取予求,直到1962年,西方学者蕾切尔·卡逊的《寂静的春天》一书拉开了"绿色革命"的序幕,启发社会公众反思传统发展方式对环境的破坏。1989年,英国经济学家皮尔斯撰写《绿色经济蓝皮书》,首次提出了绿色经济概念,旨在追求经济增长与环境保护的协调统一。2008年,联合国倡导"绿色新政"的主张,提出一系列涉及资源节约、环境友好以及人与自然可持续发展的重大课题。自此以后,世界上许多国家都将绿色发展视为实现经济复苏的关键"引擎"和抢占经济制高点的重大战略。

中共中央、国务院《关于加快推进生态文明建设的意见》中首次提出"绿色化"概念,既表明中央对生态文明重视的态度和决心,也顺应国家发展和历史进步的大势,更涉及个人生活方式和价值取向的调整。2015年11月,十八届五中全会把绿色发展与创新、协调、开放、共享并列为五大发展理念,而且要求把建设生态文明制度体系作为工作重点。要求推动绿色发展的方式和生活方式,具体包括六个方面的内容:促进人与自然的和谐共生、加快建设主体功能区、推动低碳循环发展、全面节约和高效利用资源、加大环境治理力度、筑牢生态安全屏障。这充分显示了党和政府在应对生态危机和经济社会发展要求方面,统筹思考、协调推进经济发展与环境生态的信心与智慧,更将生态法治提升到绿色法治的高度。

(2) 绿色法律的内涵

法治理念绿色化,即有一套充满绿色理念的法治思维方式和话语体系,立法理念和法治程序要贯彻生态理性和"绿色发展、低碳发展、循环发展"思维,并且以生态文明与绿色发展作为整体主义思维统合评估、制定和修改所有的法律规范。例如,避免过去在宪法、民法、刑法、行政法、经济法等部门法领域各自为政,过度考虑部门利益和行业利益而忽视环境生态利益的缺失。又如,把环境保护的要求、环境权益的公平和公正要求和循环经济等理念平衡地融入传统的公法和私法规范体系之中。要将尊重自然和尊重他人变成每个人的日常理念、思维和话语体系;要让绿色、低碳、循环、高效、节约、生态等字眼成为贯穿法律文件和人们思维的稳定模式;要让绿色法治成为一套尊重自然与尊重人性的话语体系。

法律制度绿色化,包括实行最严格的生态保护制度(源头保护制度、过程控制制度、损害赔偿制度、生态修复与补偿制度、责任追究制度等）；严格的资源保护制度（耕地保护制度、水资源保护制度、大气资源保护制度、林业资源保护制度、资源生态红线制度、准入与退出制度、资源管理与交易制度等）；官员政绩考核制度（加大“绿色化”考核指标和资源环境离任审计制度）；绿色社会制度（绿色教育制度、绿色信息宣传制度、绿色采购制度、公众参与制度等）；依法推动低碳循环、垃圾分类与废弃物再利用建设；依法维护生物多样性，参与全球气候治理，筑牢生态环境屏障。

2. 绿色法律的意义

绿色发展的法治化是我国解决严峻的生态危机，以及建设生态文明和“美丽中国”的必然要求。经过了40多年的高速发展，中国经济排名世界第二，但是也出现环境和生态恶化给国民经济的持续健康发展和人民基本生活带来的严峻问题，尤其是环境的加速恶化和生态系统的极度脆弱。这种由粗放型、高能耗、高消耗带来的环境资源高成本，不仅阻碍经济社会的发展，甚至可能吞噬所取得的改革成果。要实现绿色发展，切实贯彻落实绿色发展的战略部署，使生态环境治理真正取得实效，就必须运用法治手段促进和保障绿色发展健康运行，建立健全环境治理法治体系，实现绿色发展法治化。法治能够清楚地划定国家（政府）、企业和公民个人三者之间所应当承担的生态法律责任，使其都能明确在保护生态环境中的义务，更好地履行自身的生态责任。另外，由法律明文确定的环境权利和义务能够固定与环境责任相关的强制拘束效果，促成社会公众培养起健全的生态文明理念。

绿色发展的法治化是我们党治国理政的新要求，夯实法治中国建设的厚度。要实现人与自然的和谐，就要实现生态建设的法治化，而要实现人与社会的和谐，就需要法治建设的生态化。因此，要完善中国特色的社会主义法治建设，就应当依靠“绿色”夯实法治发展的厚度。进一步而言，绿色法治的实现必须在立法、执法、司法和守法等法治环节上设置绿色标准，实施“绿化”行为。在立法层面，国家在制度建设过程中应当充分评估其对生态环境可能造成的影响，完善生态法律体系以形成生态保护的规范之网。在执法层面，善于运用法治思维和法治方式促进绿色发展健康运行，重点从主体功能区法治化、低碳循环建设法治化、环境资源利用法治化、生态环境治理法治化、生物多样性保护法治化等方面着手。在司法层面，坚决制止生态法律的违法违规行为，为惩治“逆生态”的主体和行为提供最严格的司法保障。在守法层面，整体协同推进绿色法治的教育宣传，大力培养全民生态法治理念。

二、绿色法律的法理基础：公民环境权

1. 环境权的缘起

在面对环境公害问题处理紧急而又无力的当代社会，基于“环境公共产品论”的环境权越来越受到社会的重视——“环境的破坏即是对公民基本权利的侵蚀”。环境权的发展趋势是从公民的环境意识出发，逐渐升华到国家乃至跨国性的环境权诉求。图7.1给大家展示的是“世界地球日”（The World Earth Day）的活动标志：“地球之旗”（从深蓝色外太空俯瞰地球的图景）。“世界地球日”源于1970年4月22日的“世界地球日”活动。欧美爆发以大中学生为主，有近百个社区参与的群众性环境保护运动——第一次地球日活动，标志着人类现代环保运动的开端。第63届联合国大会决议将4月22日定为“世界地球日”。现在，世界地球日已经发展成为数十亿人共襄盛举的世界性环保活动。2019年世界地球日的主题是“珍爱美丽地球 守护自然资源”。极端气候、剧烈天灾、环境公害等20世纪以来的生态危机，对作为宪法基本权利核心的人性尊严构成了严峻的挑战，民众的环境意识加强，环境权的权利诉求和环境权理论也在这一历史背景下应运而生。

图7.1 “世界地球日”活动标志：地球之旗

自1972年《联合国人类环境宣言》（又称《斯德哥尔摩公约》）以来，越来越多的人将环境保护与基本人权相结合，强调“公民有拒绝自身居住环境被污染”的权利主张，以人类健康为导向建构起“环境权”。《联合国人类环境宣言》规定：“人类享有在足以保障生活尊严和福利的环境中，维持自由、平等和适当水准生活的权利，同时还负有为将来子孙保护环境的义务。”强调“环境对于人类的幸福和对于享受基本人权，甚至生存权利本身都是不可或缺的”。到了1987年，联合国环境特别委员会（WECD）在《我们的共同未来：世界环境权宣言》报告书中提出“享受良好地球环境的权利——环境权”，环境权作为新型基本权利的重要性得到了国际社会的普遍认可。虽然环境权目前在我国全国性立法中没有得到明确的承认，但是在上海、福建、

海南、宁夏、深圳等地的环境保护条例中有明确的规定。

2. 环境权的内涵

环境权的主体包括现在生存以及未来世代的公民。环境权主体既包括当代人，也包括后代人。根据代际公平理论，当代人和后代人对其赖以生存发展的环境资源有相同的选择机会和相同的获取利益的机会；不要求当代人为后代人做出巨大牺牲，也不允许当代人的消费给后代人造成高昂的代价；当代人有权使用环境并从中受益；也有责任为后代保护环境；在人与自然的关系中，每一代人都有相同的地位，没有理由偏袒当代人而忽视后代人。尽管体现于具体司法实践时，真实的法律主体是当代人类。人类的未来世代仅是名义上的法律主体，环境法用法律的方式赋予了他们以人类道义。但是仍不能否认后代人也是环境权的主体。这也是可持续发展原则的体现。

环境权的内容包括集体权利与个人权利两个层次。首先从集体权利角度来看，环境权是全民共有的一种集体权利。传统的人身权、健康权、财产权是为个体所拥有的个体权利，而环境权具有集体权利的一面，不可分割到个人。从个人权利层次来看，环境权的集体权利属性并不意味着法律可以忽视特定公民对环境损害的负担，遭受特定环境公害侵犯的救济以及参与环境负担公平分配的诉求。具体而言，包括：(1) 某些将享有良好环境作为内容的实体性权利，如享有清洁空气的权利、清洁水的权利等。(2) 某些将开发利用自然资源作为权利内容的资源权利，如采矿权、取水权等。(3) 某些将环境容量作为权利对象，将排放污染物质作为权利内容的排污权，如水体排污权、大气排污权等。(4) 将请求环境信息公开作为权利内容的环境知情权，以请求参与环境行政决策与环境资源分配作为权利内容的环境参与权等程序性权利。另外，环境权是权利和义务的统一。如《人类环境宣言》所述："人类有权在一种能够过尊严的和福利的生活环境中，享有自由、平等和充足的生活条件的基本权利，并且负有保证和改善这一代和世世代代的环境的庄严责任。"

环境权的行使方式是事先预防重于事后补救。鉴于环境损害的严重后果很难逆转，环境法治必须带有一定的超前性，即在环境损害后果发生之前提前对环境风险进行干预和防范。传统的法律体系实行"污染在先而后治理"的方式，即在生产过程的末端治理污染，结果造成技术困难度高，在污染防治过程中耗费大量成本，不仅无法阻止生态环境的持续恶化，更难以实现减少资源消耗和防治污染的常态化效果。因此，包括我国在内的世界大多数国家均采取事先预防重于事后补救的方式，如我国《环境保护法》第五条将"保护优先，预防为主"列入立法的基本原则。

环境权需要国家权力的强力介入才能得到保障。在法律经济学角度，单纯的市场结构难以解决作为公共产品的环境资源问题，这是因为，环境所涉及的各方产权无法清晰地得到界定，因此导致市场失灵和公共地悲剧的情形。由于环境资源的公共产品属性，需要让国家权力发挥积极作用推动环境保护，才能保障环境权的实现和人类整体的共有福利。正如《联合国人类环境宣言》所宣告的："各国政府对保护和改善现代人和后代人的环境具有庄严的责任。各国政府应加强现有环境管理机构的能力和作用。"随着社会文明的进步，环境权的价值理念发生了根本性的变化：由近代的着眼于解决社会个体成员之间的局部利益冲突，国家对环境事务奉行自由放任政策，转变为现代社会由国家出面，对社会整体环境利益进行前瞻性安排和事先协调。在环保制度建设中，应当明确政府的管理边界、管理方式和管理责任。在我国，"党是最高政治领导力量"，这是党的十九大报告对党的领导地位的政治界定。环境权的维护同样必须毫不动摇地坚持党的领导，才能使权利保障的方向坚定、行稳致远。

3. 环境权的核心命题

环境权有如下两个核心命题。第一个核心命题是"人类为何对无主物（如生态环境、生物）拥有权利"。这是因为，环境是一种公共产品，具有共同使用、无法排他的特性。因此，任何一名共有者，未经其他人同意，无法独占支配和使用，并损耗环境和造成污染。环境权不仅属于个人，也属于全体人民。因此，当个人的健康、生存受到其他人污染环境的损害时，当然有权请求法律救济。

第二个核心命题是"环境权及其背后的环境保护价值与经济发展之间的关系"。这里最典型的例子是我国新旧《环境保护法》的条款变迁。1989年《环境保护法》第一条规定："为保护和改善生活环境与生态环境，防治污染和其他公害，保障人体健康，促进社会主义现代化建设的发展，制定本法。"很显然，这里的立法目的是"经济发展优先于环境保护"。2015年新《环境保护法》第一条则规定："为保护和改善环境，防治污染和其他公害，保障公众健康，推进生态文明建设，促进经济社会可持续发展，制定本法。"这里的立法目的是"环境保护优先于经济发展"。为何新《环境保护法》会做出如此颠覆性的改革？今天对环境权的损害就意味着对未来经济发展权的潜在损害，因此环境权与经济发展之间并不矛盾。随着经济社会的发展，确认"环境保护优先于经济发展"的理念显得日益重要。正如习近平同志在气候变化巴黎大会开幕式上所指出的："过去几十年来，中国经济快速发展，人民生活发生了深刻变化，但也承担了资源环境方面的代价。"既然如此，该如何汲取发展教训，有效避免资源环境方面继续付出代价？

这就需要我们牢固树立可持续发展理念，从法理上和实践中确认人们的环境权利，推动环境权落到实处——这是确保可持续发展、健康发展的治本之策。这里的可持续发展理念，是指既满足当代人的需求，又不损害后代人满足其需求的能力。可持续发展的内涵包括生态可持续性、经济可持续性和社会可持续性。要求在严格控制人口、提高人口素质和保护环境、资源永续利用的前提下进行经济和社会的发展。十八届五中全会强调坚持绿色发展，就是要在未来的发展中倡导生态、绿色、低碳、循环的理念，坚持走可持续发展的道路。因此，绿色发展理念就是可持续发展理念的中国化。关于“绿色发展理念怎样处理发展与环境的关系”问题，习近平同志先后做出了一系列重要的权威论断：

第一，良好生态环境是最公平的公共产品，是最普惠的民生福祉。

第二，要正确处理好经济发展同生态环境保护的关系，牢固树立保护生态环境就是保护生产力、改善生态环境就是发展生产力的理念。

第三，实施长江经济带发展战略要加大力度。必须从中华民族长远利益考虑，把修复长江生态环境摆在压倒性位置，共抓大保护、不搞大开发，努力把长江经济带建设成为生态更优美、交通更顺畅、经济更协调、市场更统一、机制更科学的黄金经济带，探索出一条生态优先、绿色发展新路子。

第四，要共同抓好大保护，协同推进大治理，着力加强生态保护治理、保障黄河长治久安、促进全流域高质量发展、改善人民群众生活、保护传承弘扬黄河文化，让黄河成为造福人民的幸福河。

4. 环境权的种类

实体性环境权，即公民享有在良好环境中生活的权利。如包括环境使用权（即主体有开发、利用环境资源进行生产的权利），环境享受权（即主体有在良好的环境中生活的权利，包括清洁空气权、清洁水权、宁静权、风景权、环境美学权、眺望权、通风权、日照权等）。

程序性环境权，即公民有参与环境公共决策，对环境信息知情、确定环境资源分配以及利益协调方案、请求环境侵害赔偿的程序权利。如包括环境参与权（包括参与环境政策法规制定，参与环境管理等）、环境救济权（即主体环境权益受到侵害时，有请求通过司法程序或准司法程序予以救济的权利）、环境自卫权（即因环境污染长期遭受危害，而通过公力救济手段无法或来不及消除污染及污染的损害和后果时，主体有采取自力手段对污染者人身和致污设备给予适当强制以迫使其停止污染，保护自己的环境权益）。

三、绿色法律的制度保障：生态文明法律制度体系的坚持与完善

1. *以循环经济理念为导向的绿色生产和消费的法律制度*

循环经济理念是把清洁生产与废弃物综合利用二者合为一体的经济发展理念，其本质是遵循生态系统的平衡性规律，使得所有的能源资源在循环使用中得到最合理的利用，降低经济活动对资源环境的过度使用以及对人类造成的负面影响，促进资源的可持续使用和循环。循环经济理念构建出以资源高效利用和环境友好为基础的资源节约型经济，最大限度地保护和节约资源，追求资源减量投入和高效能应用，以及低密度排放。循环经济理念的落实主要依赖于循环经济法等绿色生产和消费的法律，以法律手段引导，规范和约束政府、企业和公民，促其履行循环经济理念，改变传统的"大量生产-大量消费-大量废弃"的线性物质流动模式。

在内部层面，要求放弃以末端控制为特征的传统环境治理方式，强调从产品的物质原料到生产、运输、销售、消费和使用的废弃物全程管理，将整个经济与发展政策全部置于环境保护的压力之下。在外部层面，防止他国向我国转嫁污染，同时促进本国生产制造企业的环保节能技术研发，促其生产工艺朝向绿色化设计方向发展。我国2009年《循环经济促进法》是循环经济立法的基本法，《节约能源法》《清洁生产促进法》《固体废物污染环境防治法》是该法的下位法，是资源节约集约循环利用法律与政策体系的重要组成部分。

《循环经济促进法》采取"减量化，再利用，再循环"原则，即在物质输入与排出阶段采用减量化原则，实现物质耗费最小化目标；在物质使用阶段采用再利用和再循环原则，实现最大化利用目标。《循环经济促进法》还设立了与企业社会责任相关的生产者责任延伸制度，将生产者对其产品承担的资源环境责任从生产环节延伸到产品设计、流通消费、回收利用、废物处置等全生命周期，以实现减少产品造成环境冲击的目标。本法对生产者等主体在产品废弃后应当承担的回收义务做了明确规范。传统的生产者主要是对于产品本身的制造质量承担责任，既确保产品性能和安全性等要求，但是并不会对产品使用和消费后阶段的回收，在循环和最终处理承担责任。但是现代社会的生产者还要依法承担产品废弃后的回收、再利用和处置责任。换言之，生产者责任已经从单纯的生产阶段，使用阶段逐渐延伸到产品废弃后的回收、再利用和处置阶段。例如，在上海市建设铅酸蓄电池回收利用体系，规范处理利用采

取“销一收一”模式回收的废铅酸蓄电池。

2. 绿色技术创新及其相关的法律保障机制

在绿色发展浪潮与消费者关注绿色消费的背景下，产业界也日益重视绿色技术创新。根据1992年巴西召开的“地球高峰会议”对绿色技术的界定，绿色技术具备“对环境友好的包装，无污染的采购与销售渠道，减量化—回收—再利用，节约能源，对污染和安全性做适度控制”等五项特征。具体而言，与绿色产业相关的绿色技术创新主要体现为大气污染排放与水污染排放标准，废弃物管制措施，以及相关的科技融资、财政优惠和采购优惠等方面。2006年《废弃家用电器与电子产品污染防治技术政策》与2007年《电子信息产品污染控制管理办法》《固体废物污染环境防治法》先后出台，旨在促使生产者重视在生产电子产品的同时，也要承担控制有害物质泄漏或者渗透的环保义务。

3. 以排污许可制为核心的固定污染源监管制度

固定污染源监管制度可以分为两种类型：第一种是“命令控制式”的直接管制措施，即将国家公权力作为后盾，采取的直接禁止与许可准入。首先由行政部门以行政命令方式制定一定的污染排放标准，其次进一步针对被管制的企业等主体进行行为监管，如果被管制对象未能符合污染排放标准的许可或者命令要求，则直接禁止其排放，并且对于违法者给予一定的惩戒。

第二种是“柔性迂回式”的间接管制措施，即国家放弃僵硬的操控式手段，转而采取间接、柔性且迂回的措施实施环境保护目标，公民具有一定的作为和不作为的选择空间，且不受到国家的强制性干预，但是需要考虑经济诱因等因素做出利益最优化选择。排放许可权配额交易就是一种典型的间接管制措施，是指在整体的排放总量不得超出法定标准的前提下，某些受管制的污染源如果采取更严格的减量手段使得实际排放量低于持有的许可排放量，则可以向其他污染源出售转让多余的排放权。依据《排污许可管理办法（试行）》，这种交易制度提供了污染减量的经济诱因，允许这种权利像商品那样被买入和卖出，以此来进行污染物的排放控制，污染源不会因为出售排放权而受到处罚。

4. 垃圾分类和资源化利用制度

减少生活垃圾、垃圾分类和垃圾的科学处理（包括循环利用）已经成为文明社会垃圾处置的三大环节。其中，垃圾分类是将垃圾按照“可回收使用”与“不可回收使用”的标准分类处理。传统的“收集—转运—焚烧”的垃圾处理方式存在社会成本高、环境污染严重的缺点，垃圾分类有助于降低填埋和焚烧所带来的高昂社会成本。

在垃圾分类收集试点20多年的基础上，北京、上海、广州、深圳等大城市就生活垃圾管理进行立法或者修法，通过督促引导，强化全流程分类、严格执法监管。2019年7月1日，《上海市生活垃圾管理条例》正式实施，成为我国第一部垃圾分类立法。2020年生效的《北京市生活垃圾管理条例》则强调单位和个人是生活垃圾分类投放的责任主体，并对个人违法投放垃圾的行为实行教育和处罚相结合的措施。

5. 最严明的生态环境保护责任制度

生态环境保护的政府监管责任与企业社会责任机制。2015年《环境保护法》的特色在于加重政府监管责任："地方各级人民政府、县级以上人民政府环境保护主管部门和其他负有环境保护监督管理职责的部门有下列行为之一的，对直接负责的主管人员和其他直接责任人员给予记过、记大过或者降级处分；造成严重后果的，给予撤职或者开除处分，其主要负责人应当引咎辞职。"[①]《突发环境事件调查处理办法》规定："……发现国家行政机关及其工作人员、突发环境事件发生单位中由国家行政机关任命的人员涉嫌违法违纪的，环境保护主管部门应当依法及时向监察机关或者有关部门提出处分建议。"[②]

生态环境保护行政执法机制。环保部门采取按日计罚和罚无上限的制度，如《环境保护主管部门实施按日连续处罚办法》规定："排污者有下列行为之一，受到罚款处罚，被责令改正，拒不改正的，依法做出罚款处罚决定的环境保护主管部门可以实施按日连续处罚：(1) 超过国家或者地方规定的污染物排放标准，或者超过重点污染物排放总量控制指标排放污染物的；(2) 通过暗管、渗井、渗坑、灌注或者篡改、伪造监测数据，或者不正常运行防治污染设施等逃避监管的方式排放污染物的；(3) 排放法律、法规规定禁止排放的污染物的；(4) 违法倾倒危险废物的；(5) 其他违法排放污染物行为。"[③]例如临沂市环保局发现其管辖的华隆热电有限公司超标排放二氧化硫，向其送达责令改正决定书，并处以人民币10万元罚款，经10日后复查未过，则可依法实施按日计罚，罚款共人民币100万元。

相较于过往对违规企业污染事件限期改正的惯例，按日计罚这种以规范厂商立即停止违法排放污染物，并以天为单位计算处罚额度的做法，具有一定的震慑效果：其一，对以成本导向的厂商而言，已具体提高其经营成本，将环境成本内部化；其二，在心理层面上，按日计罚对违法行为的处罚可以追溯至违法发生认定之日起，厂商

① 参见《环境保护法》第68条。
② 参见《突发环境事件调查处理办法》第18条。
③ 参见《环境保护主管部门实施按日连续处罚办法》第5条。

面临与日俱增的处罚压力，自然降低违法行为的持续时间。

这里需要注意的是，环境保护法适用的“无过失责任标准”。我国现行的民法和环境保护法律中对环境污染侵权都规定了无过错责任的归责原则。环境污染责任作为一种特殊的侵权责任，其特殊性首先表现在其采用了无过错责任的归责原则。依无过错责任原则，在受害人有损害、污染者的行为与损害有因果关系的情况下，不论污染者有无过错，都应对其污染造成的损害承担侵权责任。它的具体含义是：第一，宗旨在于合理补偿受害人的损失；第二，不以行为人的主观过错为归责要件，被告不能仅仅证明他已尽到了注意义务或没有一般的过失就可以被免除责任；第三，实行举证责任倒置，加害人要对其污染行为与损害结果之间不存在因果关系加以举证。

生态环境公益诉讼制度。环境保护涉及社会公共利益的保护，为解决企业和政府可能发生的不当作为与不作为，《环境保护法》借鉴国外的公民诉讼与公益诉讼制度，确立起环境公益诉讼制度。对污染环境、破坏生态，损害社会公共利益的行为，依法在设区的市级以上人民政府民政部门登记的相关社会组织，和专门从事环境保护公益活动连续 5 年以上且信誉良好的社会组织，可以向人民法院提起诉讼，人民法院应当依法受理。[①] 法律放宽了环境公益诉讼主体的资格条件，即在设区的市级以上民政部门登记的环保社会组织，只要从事 5 年以上环境保护工作且无违法记录即信誉良好，即可以作为原告主体对违法的企业或地方政府提起环境民事或行政公益诉讼，发挥社会监督政府与企业的作用。上述规定突破了“当事人诉讼利益理论”(原告起诉需要以自身权利受损为前提)，赋予一般社会团体和民众维护环境公益，直接对抗违法企业的维权途径。

四、绿色法律的域外实践：人类命运共同体与全球气候变化治理

1. 全球气候变化治理的基本情况

随着全球气候变化给人类的生存与发展带来越来越严重的影响，全球气候治理问题也越来越受到世界各国的关注。目前，全球性气候变暖给人类的生存和发展造成了巨大的破坏性影响。气候变化(Climate Change)是指由于人类活动直接或者间接改变大气组成，进而形成气候变化的现象，例如二氧化碳、甲烷等温室气体排放

---

① 参见《环境保护法》第 58 条。

引发的地球变暖等。2007年政府间气候变化专门委员会(IPCC)报告显示：1906—2005年间，地球温度大约增加了0.74℃，全球升温速度比预期更快更高。报告警告，如果地球平均温度上升超过2℃，就可能造成人类无法恢复的全球气候灾难。政府间气候变化专门委员会历次评估报告还在不断地警醒国际社会，应当尽快大幅减少温室气体排放。否则，全球气温升高将导致海平面上升、粮食减产、传染病增加、水资源短缺、濒危物种灭绝等严重后果，对自然生态系统和人类社会产生相当不利的影响。

联合国在1990年迅速着手成立政府间谈判委员会(INC)，由来自135个国家和地区的代表起草《联合国气候变化框架公约》。该公约在1992年经过第45届联合国大会第212号决议通过，成为应对气候变化问题上的政府间合作与谈判的起点和基本框架，具有积极的里程碑意义。1997年，《联合国气候变化框架公约》缔约方第三次大会在日本京都召开，会议通过了《京都议定书》，首次以国际法律文件的形式定量确定了工业化发达国家排放温室气体的强制性法定限额。不过对于广大的发展中国家，《京都议定书》采取双轨制原则，只是要求包括中国在内的发展中国家制定自愿削减温室气体排放的目标。在实践中，《京都议定书》除了为发达国家设立具有法律拘束力的削减目标之外，还为各国低成本地履行减排义务专门引入了“灵活机制”——排放贸易(ET)、联合履行(JI)、清洁发展机制(CDM)，以此激励各方批准和参与这项新型国际环境保护法律制度。在《京都议定书》的后续谈判中，各方分歧十分尖锐。以美国为首的少数发达国家组成的伞形集团(Umbrella Group)强烈反对任何限制使用“灵活机制”的提议，并且要求发展中国家也要承担具体的减排义务。而包括中国在内的七十七国集团则坚决反对，要求根据公平原则，在发展中国家履行减排义务之外，应当先由发达国家率先减排。随着2012年《京都议定书》第一期减排计划初步到期，各国开始重点讨论如何进一步减排的问题。2015年12月，《联合国气候变化框架公约》的缔约方代表团正式签署了《巴黎协定》，确立了2020年后以“国家自主决定的贡献”为主体的全球气候变化治理体系。“国家自主决定的贡献”就是各国根据各自经济和政治状况，自愿做出的减排承诺，这种“自下而上”的行动机制有别于之前全球气候治理体系的“自上而下”的方式。另外，引入“以全球盘点为核心，以5年为周期”的更新机制。

美国由于担心全球气候变化治理会危及国内经济发展与国家竞争力，为了不触犯国内派系利益采取消极态度。例如在2001年，美国总统布什宣布退出《京都议定书》。特朗普总统认为全球气候变化治理给美国带来“苛刻财政和经济负担”，于

2017 年 6 月 2 日宣布退出《巴黎协定》，“让美国站到了几乎所有国家的对立面”。包括中国在内的许多国家都展示了积极落实《巴黎协定》的决心，成为继续为全人类命运坚持《巴黎协定》的压舱石。

2. 中国参与全球气候变化治理的挑战与成就

中国的工业化从洋务运动开始经历了一百多年的进程，如今已经成为全球第二大经济体，第一大温室气体排放国。工业化污染问题对环境和公众健康构成威胁，粗放型增长模式难以为继，需要从西方工业化的老路中摆脱出来，将应对气候变化与促进可持续发展相结合，根本改变发展方式，把低碳转型和绿色发展作为中国发展的主旋律。中国主要发展指标和长期存在的显著“二元经济结构”特征，均显示了中国发展中国家的定位。为了进一步落实《巴黎协定》的“国家自主贡献”目标，中国采取了如下应对举措：

采取一系列应对气候变化治理的政策。2007 年出台的《应对气候变化国家方案》，是全球发展中国家第一部专门性的应对气候变化的国家方案；2009 年 5 月，《落实巴厘路线图——中国政府关于哥本哈根气候变化会议的立场》，中国政府宣布 2020 年单位 GDP 碳排放相比 2005 年下降 40%～45%，并纳入国家规划；2013 年 11 月，中国颁布专门性国家战略规划《国家适应气候发展战略》。2015 年 6 月，中国向联合国相关组织提交了中国国家自主决定贡献文件，成为第 15 个提交国家自主贡献的缔约方，提出了确保实现目标的政策措施。《国家十三五规划纲要》被誉为“绿色发展战略规划”，提出了能源气候方面的更高要求：单位 GDP 能源消耗年均累计下降 15%，单位 GDP 二氧化碳排放年均累计下降 18%，将应对气候变化作为中国践行国家绿色发展战略的内容。另外，我国实现节能减排的法治化。2012 年《气候变化应对法（草案）》是我国第一部“应对气候变化”主题的法律。通过有效进行国家治理，中国为全球气候变化治理目标的实现作出了关键贡献。据悉，全球近年来 52%左右的二氧化碳减排量都来自中国的贡献。

基于国内发展需求和优势领域，着力开展主动型国际合作，中国发起了“一带一路”和亚投行等以基础设施和产能合作为主的国际合作倡议，将应对气候变化和落实可持续发展议程与产能、基础设施合作等倡议结合起来，并初见成效。中国政府在 2016 年启动了中国气候变化南南合作基金，深化南南合作，协助其他发展中国家提高应对气候变化融资的能力。

积极开展气候外交。2014 年，中国分别与英国、美国发布了《中英气候变化联合声明》《中美气候变化联合声明》；2015 年 6 月、11 月，中国与欧盟、法国发布《中欧气候变化联合声明》《中法元首气候变化联合声明》，共同推进全球气候变化治理。中国国家主席习近平于2015年11月29日出席巴黎气候变化大会开幕式，系统阐述加强合作应对气候变化的主张。2016年9月，中国国家主席习近平和美国总统奥巴马在杭州G20峰会前夕，同步向联合国秘书长潘基文交存中国和美国气候变化《巴黎协定》的批准文书。

参考文献：

[1] 习近平：《习近平总书记系列重要讲话读本》，北京：人民出版社，2016年。
[2] 张震：《作为基本权利的环境权研究》，北京：法律出版社，2010年。
[3] 吴卫星：《环境权研究——公法学的视角》，北京：法律出版社，2007年。
[4] 清华大学气候政策研究中心：《低碳发展蓝皮书——中国低碳发展报告》，北京：社会科学文献出版社，2013年。
[5] 吕忠梅：《中国生态法治建设的路线图》，《中国社会科学》，2013年第5期。
[6] 蔡守秋：《环境权初探》，《中国社会科学》，1982年第3期。
[7] 徐祥民：《环境权论——人权发展历史分期的视角》，《中国社会科学》，2004年第4期。
[8] 阳东辰：《公共性控制：政府环境责任的省察与实现路径》，《现代法学》，2011年第2期。
[9] 江必新：《生态法治元论》，《现代法学》，2013年第3期。
[10] 胡鞍钢、管清友：《中国应对全球气候变化的四大可能性》，《清华大学学报》（哲学社会科学版），2008年第6期。
[11] 杨解君：《论中国绿色发展的法律布局》，《法学评论》，2016年第4期。
[12] 吕忠梅：《监管环境监管者：立法缺失及制度构建》，《法商研究》，2009年第5期。
[13] 肖建国、黄忠顺：《环境公益诉讼基本问题研究》，《法律适用》，2014年第4期。
[14] 朱德明：《绿色化转型与法治创新》，《唯实》，2015年第9期。
[15] 习近平：《携手构建合作共赢、公平合理的气候变化治理机制——在气候变化巴黎大会开幕式上的讲话》，《人民日报》，2015-12-30。
[16] 杨朝飞：《我国环境法律制度和环境保护若干问题》，《中国环境报》，2012-11-05。
[17] 新华网数据新闻部：《习近平绿色发展十谈》，http://news.xinhuanet.com/video/sjxw/2015—12/03/c_128496229.htm
[18] IPCC, Climate Change 2014: Impacts, Adaptation, and Vulnerability: Summary for Policymakers, Working Group II Contribution to the Fifth Assessment Report of The Intergovernmental Panel on Climate Change, Cambridge, New York: Cambridge University Press, 2014.

第八章　绿色设计的四重安全内涵

本章问题

1. 中国共产党十八届五中全会审议通过的《中共中央关于制定国民经济和社会发展第十三个五年规划的建议》中，提出了“五大发展”理念是什么？

2. 设计的动力因或目的因是什么？

3. 什么是绿色设计的 3R1D 原则？

4. 人类最美好的公用共享社会叫什么社会？

5. 我们要坚定中国特色社会主义道路自信、理论自信、制度自信，为何说到底是要坚持文化自信？

中国共产党十八届五中全会审议通过的《中共中央关于制定国民经济和社会发展第十三个五年规划的建议》中，提出了创新、协调、绿色、开放、共享“五大发展”理念，这是以习近平同志为总书记的新一代领导集体治国理政新思想在发展理念上的集中体现和概括，是对中国特色社会主义建设实践的深刻总结，是对中国特色社会主义发展理论内涵的丰富和提升，也是“十三五”规划编制和“十三五”发展的思想灵魂，是这次“十三五”规划最核心的内容。本章紧紧围绕此核心灵魂，结合现代设计新老概念的基本演化对比解析，及对现代设计以人为本和绿色设计天人合一的本质阐述，聚焦绿色设计的四重安全内涵，即绿色设计的地理生态安全内涵、绿色设计的生理健康安全内涵、绿色设计的心理和谐安全内涵、绿色设计的民族文化安全内涵，来诠释绿色设计的核心目的就是充分践行“创新、协调、绿色、开放、共享”五大发展理念，从宏观到微观、从硬件到软件全心全意为人民服务，为用户营造愉悦体验及美好安全世界的伟大实践。在这美好世界设计构建过程中，结合当今风起云涌的共享理念和模式，简单阐述共享理念与共产主义理想在学理上的异曲同工和推进上的现实可能性。同时结合相关案例来讲述国家和民族的文化安全的重要意义。

一、关于设计与绿色设计

1. 关于设计

(1) 设计的内涵

长期以来，在非专业领域对设计的传统理解，认为所谓设计是指把一种计划、规划、设想、问题解决的方法，通过视觉的方式传达出来的活动过程。其核心内容包括三个方面，即：计划、构思的形成，视觉传达方式，计划通过传达之后的具体应用。

为什么要设计？这实际上是追问设计的动力因或目的因。实质上是在追问为谁而设计。答案显而易见，所有的设计，都是为了“人”。必须特别注意的是，这个“人”是 human——广义的人，而不仅仅局限于微观个体意义上的 person 或 body。设计师或设计工作，就是直接或者间接地为人民服务，乃至人类的幸福安康服务。

因此，要想设计出好的产品，就必须有的放矢，了解把握人的真正需求，用户的体验感受。

那么，人的需求都有哪些呢？下图 8.1 是美国著名心理学家马斯洛的人的需要层次理论。

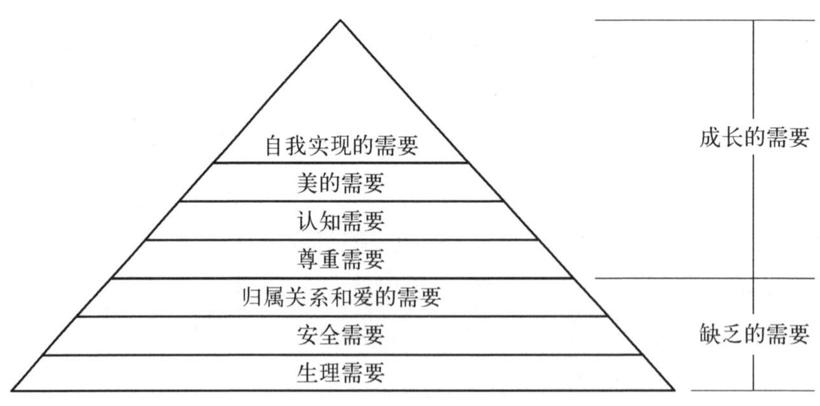

图 8.1 人类需要的七个层次

马斯洛的人类需要的七个层次与我们中国传统文化《礼记·大学》的“修齐治平”有无相似性？有无一定的逻辑对应关系？即“修身、齐家、治国、平天下”的相通对应之处：首先确保自身个体的生存安全，提高自身修为；其次要有一个心有所寄的爱的归属并负起家庭责任——营造和管理好自己的温暖家庭；通过自己的不断努力和出色贡献，得到越来越多的人的尊重和社会国家的认知认可，投身于参与甚至治理国家的使命和伟业当中；最后，胸怀祖国放眼世界，实现安抚天下百姓苍生的美好远大抱负，从而达到人生自我实现与天下大同的最高境界。

当然，在个人的成长和人类的需求过程中，无论哪个层次，都会遇到各自层面的具体问题，都离不开针对问题解决的设计介入和设计出的工具应用：

生理问题解决（工具设计：长矛、手枪……）；

物理/地理（环境）问题解决（环境设计：房屋、空调……）；

心理问题解决（好奇）（信息设计：书刊、影视……）；

情感需求问题解决（交互设计、微信……）；

精神追求问题解决（信仰、理想……）。

设计就是通过对人所面临主客观问题或缺陷的解决弥补，达到一个安全舒适的用户体验；设计工作，就是面对人的以上不同层次的需求进行针对性设计，通过以上解决问题的工具途径应用，达到设计的目的：为人民服务，为人民排忧解难。

设计的最终目的和意义就是为人民大众提供更好的生活品质和更好的生活体验，优秀设计师及其作品必然是充满了大爱（真、善、美），设计一定会让人民大众的幸福指数和快乐指数不断提高，让天人合一的关系更加融合美好。

2015 年国际工业设计协会在韩国召开第 29 届年度代表大会，沿用近 60 年的“国际工业设计协会 ICSID”正式改名为“国际设计组织 WDO”（World Design Organization），会上还发布了工业设计的最新定义：（工业）设计旨在引导创新、促发商业成功及提供更好质量的生活，是一种将策略性解决问题的过程应用于产品、系统、服务及体验的设计活动。

它是一种跨学科的专业，将创新、技术、商业、研究及消费者紧密联系在一起，共同进行创造性活动，并将需解决的问题、提出的解决方案进行可视化，重新解构问题，并将其作为建立更好的产品、系统、服务、体验或商业网络的机会，提供新的价值以及竞争优势。

（工业）设计是通过其输出物对社会、经济、环境及伦理方面问题的回应，旨在创造一个更好的世界。

(2) 设计的外延

如图 8.2：

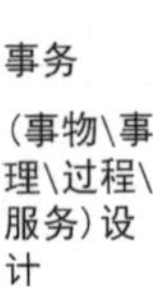

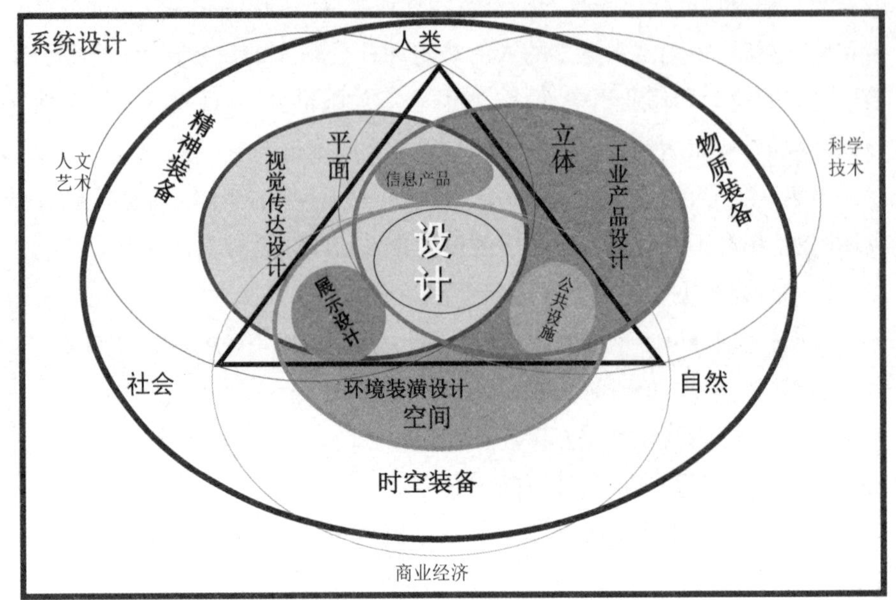

图 8.2

通过系统设计来解决人遇到的各式各样的问题,为人民服务,并最终达到一个舒适安全的用户体验,达到让人民幸福安康的目的。

2. 关于绿色设计

设计在历史上对人类社会的发展带来了积极促进作用的同时,其长久以来的副作用也不断凸显:传统设计与制造业带来了三大废弃物,成为三大废弃物——物料废弃物、能源废弃物、产品使用终结废弃物的制造源头。其严重恶果是:大量设计,大量生产,大量消费,大量废弃,大量污染,恶性发展。

怎么办?需要转变发展理念和模式:创新、协调、绿色、开放、共享!创新、协调、绿色、开放、共享"五大发展"理念,其中"创新"居首,"绿色"居中。"五大发展"理念追求环境友好、天人合一、良性互动、持续发展;注重人—机—环境:命运共同体。

"创新、协调、绿色、开放、共享"地可持续发展,就要求为人民服务的设计必须是绿色安全、低碳高效的设计。因此必须做到:

(1) 绿色设计——以绿色技术为原则所进行的设计,即面向产品的整个生产周期,在这一周期内着重考虑产品环境属性:可拆卸性、可回收性、可维护性、可重复利用性等。

(2) 绿色技术——在西方被称为环境友善技术，是减少环境污染或减少原材料，自然资源使用技术、工艺、产品等的总称。

(3) 绿色产品(即环境协调产品)——节能降耗(俭省)、清洁无污染(安全)、原料再生(持续)、回收利用(循环)。

(4) 绿色产品生命周期(见图 8.3)。

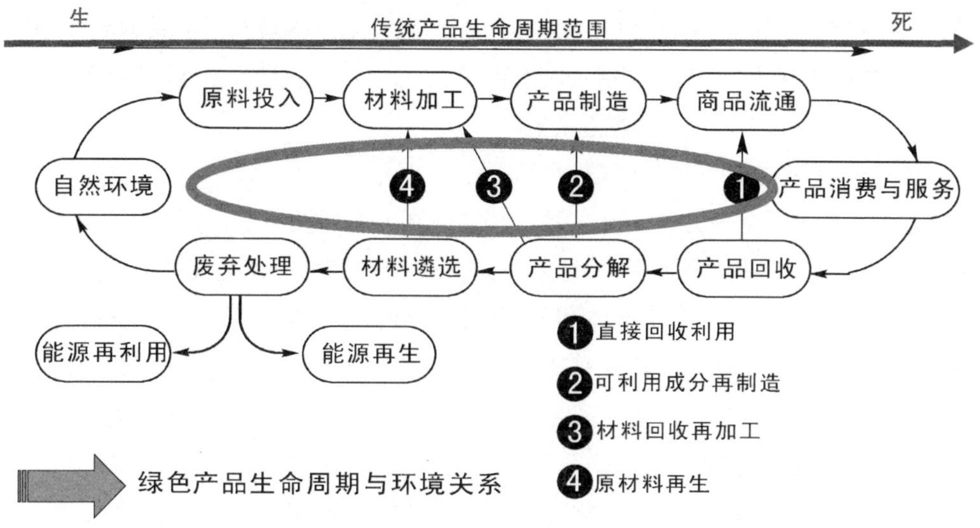

图 8.3

绿色设计基本内涵，就是要达到“三低三高”的绿色设计要求，这是绿色设计必须遵循的基本内涵与原则。

三低：低能耗(吃、用的少)；低排放(拉、撒的少)；低污染(危、害的少)。

三高：高科技附加值、高文化附加值、高安全系数值。

过去以牺牲资源和环境为代价换取眼前利益。今后要创新引领，绿色设计，可持续发展。

今后劳动三要素应是：“要求劳动者向科技、道德、艺术素质化方向发展；劳动工具向低耗、高效和智能化方向发展；劳动对象向循环、清洁、无公害化方向发展。”无公害的实质就是必须绿色、安全！

绿色设计的核心内涵与首要原则就是安全——不仅仅是生态地理上的浅表安全，而是不同层面的系统安全。下面，结合不同的设计门类和案例，重点讲述绿色设计的多重安全内涵。

二、绿色设计的地理生态安全内涵——以人文地理中人类聚居模式演变为例

1. 人类聚居及阶段划分

万有引力作用下，世间万物向心聚力，聚居而生，生生不息，和谐运行。大到如日月星辰，微小如分子、电子结构或是微生菌落；植物无论离离原上草或者茫茫原始森林，均构成具有聚合或聚居特点的群组存在体系；动物如蚂蚁、蜜蜂、鸟类鱼群、灵长家族多是具有聚居特点的完整生存体。

人类聚居，古往今来更是由"三力"推动：

宏观上皆遵循第一力——万有引力。伊萨克·牛顿说："宇宙间任意两个物体都是相互吸引的……每颗行星都是以太阳为焦点在椭圆形的轨道上围绕太阳运转……"万有引力构成了宇宙天体和万物间普适的基本逻辑秩序，规定了万物内部及彼此之间相对稳定的聚合式存在和聚居性生存关系。宇宙万物间有着相似性、类圆性和聚居性的生存特性。相互间存在着密切的联系和共同遵守的进化规则，以及相似的形态变化发展规则。

中观上聚居类型转变皆因文化动力。风俗习性、文脉惯性，一方水土养一方人，共同的风俗民风及相似的文化信仰等凝聚、维系、推动着不同族群的聚居生活秩序。

微观上皆因血亲合力。基因血脉成因，血脉相连，通常一个自然村就是一个家族或氏族的聚居。

这"三力"推动、导演着人类聚居及其演进，基本呈现三个阶段，归纳模型如图 8.4。

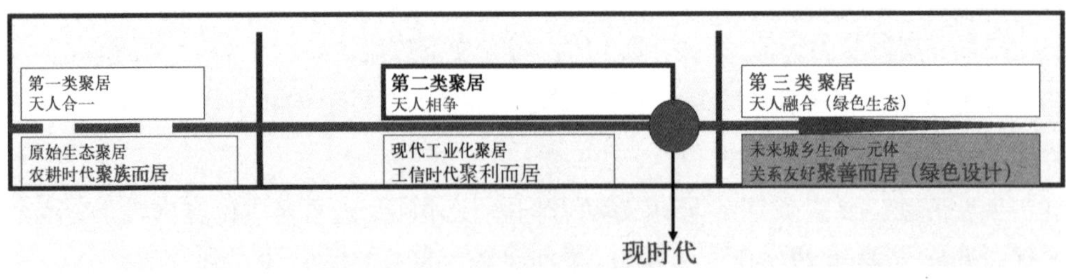

图 8.4　人类聚居阶段划分

2. 人类聚居三阶段解析

(1) 第一类聚居：天人合一的古代生态型聚居

人类第一类聚居以公元前后为基本分水岭。公元前人类典型聚居主要形式有：

旧石器时期的洞穴居址出现，新石器时期的原始聚落发展。公元后人类典型聚居形式表现在：聚族而居的乡里村落(文化聚居)，结营扎寨的城镇堡垒(军事重镇)和贸易集市的市场雏形(经济城市)以及三者的混合杂居。

此阶段人类聚居特点主要体现在天人合一的古代生态型聚居，作为人类自然选择的聚居，体现了人与大自然母亲有机依偎与和谐相处的天然原生状态关系。但人又有主观能动性，在大自然背景下寻求不断升级、可持续生存发展方式。

此阶段人类生存方式有三个特性：对象性、主体性、意向性。正如《周易·系辞下》所言"上古穴居而野处"。新石器时代之后，农耕生活使传统聚落空间形态也随之发生改变。

原始农业促使生活质量提高，为了追求更好的生活，出现相对稳定的、按氏族血缘关系组织定居的"聚"。逐渐以血缘关系作为聚居条件，共同构造自己氏族的聚落空间。农业发展，人口增加，聚落扩大。以血缘氏族为纽带的族类聚居，千百年来总是相对稳定在某一经过自然选择的地点上。甲骨文"邑"是指由若干近亲氏族所聚居于设有一定维护结构的场地。由若干"聚"组成的综合体，称之为"邑"。"邑"的空间布局是内聚向心的特征，各氏族的"聚"环绕广场布列，凝为一个聚居整体。"邑外为之郊，郊外为之牧，牧外为之野，野外为之林。"(《尔雅》)据此可知，由"聚"发展到"邑"，是中国较早城市的雏形与萌芽。临潼姜寨(见图8.5)仍处于母系氏族社会，相

图8.5　临潼姜寨

当于仰韶文化早期，距今六七千年的原始村落已具有向心集团式聚居的特征。

古代聚居选址追求天人合一，多依山傍水，向阳聚气，依势随形，追求人工与自然的协调、天人合一之境。闻名世界的史前文化龙山文化发祥地泉城济南，南依千佛山，市内泉群广布，汇入大明湖，形成“四面荷花三面柳，一城山色半城湖”的独特景观。

封建时期，部分乡村地区因地貌、功能、结构、经济等因素形成一系列独特乡村聚居形式。

总的来说，第一类聚居具有以下三个阶段与六个特点。

三个阶段：

原始阶段——重天神(对自然生态神秘力量的敬畏崇拜)；

发展阶段——重人仁(中国儒家传统思想)；

后期阶段——重文化(正统文化、乡绅文化、民俗文化等)。

六个特点：

① 水，人类初始阶段的聚居选址大多为靠近水源的开阔边缘地带上，水源充沛，生活与耕作用水方便，视野辽阔便于庇护；且聚居附近河流交汇，交通便利。

② 火，从原始钻木取火到炉火纯青掌握火候，美食烹饪与陶冶铸炼技艺精湛。

③ 土，聚居地多处河流阶地之上，耕作土壤肥沃，物产丰富，且能避免受洪水袭击；基本经历从山岩丘陵到河谷盆地、再到平原的踪迹。

④ 木，森林植被繁茂，植物果实与木材原料充足；若在山坡处，较多处于阳坡。

⑤ 金，无论新旧石器还是青铜铁器，都能适时而生，广泛应用。

⑥ 文(纹)，注意营造精神文化环境与自然生态浑然天成，追求聚居环境的和谐美好。水火土木金融会贯通、综合应用，产生了从土陶、瓷器到聚居建筑乃至天文地理人文历史等灿烂文化。

自然辩证，绿色生态，原始朴素，初级安全，是第一类聚居的基本态。

(2) 第二类聚居：天人相争的近现代工业化聚居

第二类聚居——天人相争的近现代工业化聚居，主要包括西方第一、二次工业革命时代以来的代表性聚居模式，中国近现代以来第二类聚居模式基本状况、特有问题，尤其是城市病等。

① 西方第一、二次工业革命时代以来的代表性聚居模式解析。

工业革命不仅是空前的技术革命，更是城市革命，促进了近代城市兴起。市场经济主导，工业化对城市化产生消极影响：首先，城市人口恶性膨胀，土地私有制和房屋建设无政府状态，造成城市聚居混乱，城市轮廓如摊大饼般野蛮扩张。其次，平民住宅问题严重，资本家、工厂主不断大量建造房屋的根本目的是牟取暴利，广大贫民只能居住在简陋的贫民窟。尤其环境污染极为严重，19世纪中期英国的议会文件中描述道：工厂“成排的烟囱日夜不停地将滚滚浓烟吐向天空”，最肮脏的城市、空气中充满了这么多的硫化氢，谢菲尔德烟灰弥漫，人们不停地“把尘埃吸入体内”，“工厂沿河而建。大烟囱冒出浓烟笼罩城市，工厂废弃物对河流构成严重污染”。

② 中国近现代以来第二类聚居模式基本状况，特有问题，尤其是城市病等。

恩格斯在《英国工人阶级状况》一文提到西方工业化城市病症，目前正在中国重演。目前中国一些地方城市病或中国城乡聚居安全危机表现尤为突出，概括主要有以下十点不安全危机现象：一是强搬民粹，弄巧成拙；二是粗制滥造存在安全隐患；三是急功近利，割裂历史，强奸民意；四是背叛日常化生活，进入图像化陷阱；五是城市硬件数量与软件质量脱节；六是朝令夕改，造成巨大浪费；七是恶俗低级，影响文化安全；八是盲目改名，抛弃文化遗产；九是政绩冲动，遗留烂尾工程；十是技术短视，安全事故频发。

由于各类资源的相对固化，造成了城乡间在基础设施建设、医疗卫生水平、教育人才培养、社会福利实现等多方面的差距，人们高度趋利聚居而非高质宜居。

我国长期以来城乡二元制度结构的重城轻乡，以乡养城，城乡不公，“三农”问题积重难返。在广大乡镇聚居区的新农村建设过程中，乡村空心、赶农民上楼、“拔根断后”地强拆强占，导致乡村消失、文脉割裂，年轮断裂，乡愁无寄。最终导致我国城市化水平严重滞后于经济发展水平和工业化水平，成为粗野、失衡和泡沫的城市化，聚居质量低劣。

传统城乡一体化存在政治经济的片面诠释、规划设计的狭隘理解以及在经济关系、空间定位、生态环境、制度体制等方面的局限制约：社会学和人类学界从城乡关系角度认为，相对发达的城市和相对落后的农村打破城乡经济和社会生活相互分割的壁垒；规划学者是从空间的角度对城乡发展做出统一规划，即对具有一定内在关联的城乡交融地域上各物质与精神要素进行系统安排；重视城市规划中土木工程类行业等显性、硬件、静态形式内容的倾向，忽视城市设计的整体考量以及聚居区域人文、环境等隐性或后续动态要素统筹整合。生态、环境学者是从生态环境的角度，认为是对城乡生态环境的有机结合，保证自然生态过程畅通有序，促进城乡健康、协调发展等。

工业革命后的人类聚居，已从第一类聚居转化为以工业城市为代表的第二类聚居。科技虽发达，物质条件虽优越，但生态上走向天人相争，在文化上走向异化和滞后撕裂、割断扭曲，乃至聚居文化毁灭（如古城古村的消失）。城市病爆发且愈演愈烈，病类病因繁多。病因根源有三：政治（意志体制、机制法制）、经济（结构紊乱、唯利是图）、文化（科技失误、审美失度）。

中国40多年来城市化进程虽然极大地促进了以房地产等为支撑的经济社会高速发展，但是建筑和圈地的城市化，是忽略人文精神以及生态环境等的大跃进式城市化，是高熵高碳充满现实危机和未来隐患的非绿色不可持续发展模式。因此，大力推进新型城镇化和特色小镇建设，通过绿色设计来达到我国城乡聚居的安全和谐已经成为当务之急。解决城乡二元及“三农”问题的根本途径须冲破传统概念上二元论和狭义片面线性的一体化思维。

(3) 第三类聚居：城乡一元生命体绿色设计

第三类聚居是具有健康生命机理与活力的城乡一元生命体绿色聚居；是真正体现“创新、协调、绿色、开放、共享”的绿色可持续发展安全可靠的聚居模式。实现城乡聚居生活的更加美好，只有跳出传统聚居线性思维的僵化模式，从系统整体与动态发展出发，站在多学科交叉视域，以科学、全面、可持续发展理念，走向第三类聚居模式——城乡一元生命体（系统），才能真正实现绿色的、有机的、生命的、文化的、共享的新型城镇化聚居之梦。

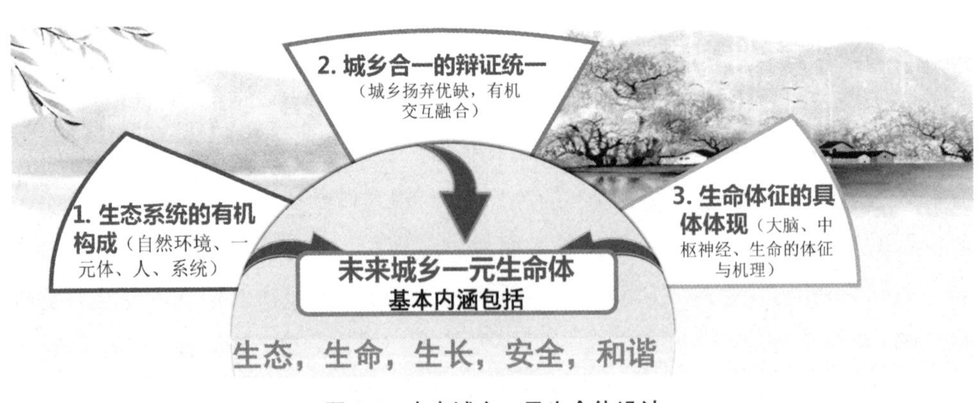

图 8.6 未来城乡一元生命体设计

城乡一元生命体理论依据首先是自相似性理论（Self - Similarity）。自相似性是宇宙间的一种普遍现象。正如协同学创始人哈肯教授感叹：“在这个太阳系下没有任何新东西。”其次是混沌理论（Chaos Theory）。该理论覆盖面广及自然科学与社会科学的几乎各个领域，如费根鲍姆对自然界现象有序与无序的统一、确定性与随机性的统一的研究。第三个依据是全息理论(Holographic)。西方医学之父希波克拉底(Hippocrates)，在2000多年前就隐约指出了人体局部与整体辩证关系的规律。关键是生命科学理论：哲学、分子生物学、生理学、热力学等意义上关于“生命”的解释有多种，在此不再赘述。但无论哪类解释，有机、能动、和谐、系统、可持续等是其共性特征。

城乡一元生命体生命机理，主要包含：城乡一元生命体内在生命结构系统、外在支持保障系统、运作机理与功能机制分析；在时间上，具备从诞生、发展到衰退(生命周期)的生命体机制或机理过程描述；在空间上，具备与常规生命体之系统所对应的相应的组合结构和功能逻辑关系。

城乡一元生命体系统运行机制，主要包含：生命体自运行机制(自然生态基础上的生命及生命联合体的原动力、内驱力)，生命化生态城乡体。科学技术引领机制(现代科技文明基础上的生产力、推动力)，信息化智慧城乡体。文艺治理辅助机制(人文基础上的生产关系之作用力、牵引力：政府、社会、个体齐抓共治，自治之文化艺术作用及功能，有防火墙、缓冲带、隔离带及按摩椅、净化器等效)，艺术化文化城乡体。

城乡一元生命体系统功能机制：

自我调节机制：例如智慧城市物联网对交通拥堵就必须借鉴高等生物的自我调节机制，应该有自我调节聚居区内有机交通秩序。

自我复制机制：城乡一元生命体高级阶段，在信息技术、智慧文化、生物工程、设计服务等协同创新下应对自身生命发展进化过程中的从低级到高级、从微观局部到宏观整体进行有选择性自我扬弃复制。

选择性反应机制：这在社会综合治理方面具有积极而广泛的意义。正如细胞与外界进行物质交换时虽然也存在扩散与渗透作用，但是，细胞膜却是有高度选择性地进行吸收与排除(防疫机制)。又如在细胞膜的主动运输中，物质逆浓度梯度而运转。

城乡一元生命体绿色设计管理与系统方法主要包括：

城乡一元生命体设计要素管理、城乡一元生命体设计管理模块与原则、城乡一元生命体绿色设计/模仿(仿生)设计、城乡一元生命体系统文化设计、城乡一元生命体交互共享设计，其中公用共享理念及方法始终贯穿其中。

城乡一元生命体绿色设计管理与系统方法：共享理念，体现在共享出行、共享空间、共享资金价值、共享知识/教育、共享饮食、共享医疗/健康、共享物品、共享公共资源、共享技能/服务……共享之火，正在全球燎原。

“创新、协调、绿色、开放、共享”理念指引下，未来社会的生产资料和劳动成果归大众所有和共享，各尽所能，按需分配，互帮互助，人人共享劳动成果，共享自然资源，形成人类命运共同体。

三、绿色设计的生理健康安全内涵——以绿色包装设计为例

前述绿色设计的第一重安全内涵，是从宏观背景视域下天人合一的地理生态安全观展开；而下述绿色设计的生理健康安全内涵，则是从立于天地之间中观层面上以人为本的人的生理健康阐述。以包装为例，好的包装或绿色包装，不仅仅聚焦所保护产品之安全，更关注包装的生产制造、运输营销、使用回收等各个环节中人的生理健康之安全。反之，不良包装或非绿色包装则带来严峻后果。

1. 非绿色包装设计的代价与后果

(1) 非绿色包装带来的地理生态安全危害

我国塑料包装材料年产量360万吨，我国日用塑料制品的年产量约320万吨。其中难以回收利用的一次性塑料包装占30%。据2013年的统计，我国每年产生垃圾30亿吨，约有2万平方米耕地被迫用于堆置存放垃圾。其中主要是塑料包装制品的废弃物。2014年，有关调查表明，我国农用塑料制品年使用量500多万吨。

(2) 非绿色设计包装给人带来的生理健康安全伤害

许多瓶装饮料包装封口结构中，瓶口螺纹部分的密封和卫生方面设计薄弱或有缺陷，存在严重安全隐患，瓶口螺纹部分相当于喝饮料的“餐具”。这类“餐具”从饮料出厂到消费者饮用这段时间内都是暴露在空气中不受保护的，而这段时间可以是一个月甚至是一年。这样的“餐具”无疑存在严重的安全卫生隐患，尤其是在春夏两季，病毒病菌高发、易传染，该隐患将更加危险。啤酒在卸货过程中爆瓶扎伤人体；市面上食品彩色塑料袋其原料来源许多可能是农药、化学制剂包装和医学垃圾等，本身就可能含有大量毒素；食品包装里的干燥剂屡屡伤及儿童；玩具包装袋太薄，易黏附于儿童口鼻引起窒息……目前，国内外均对玩具使用的包装薄膜有严格规定，如欧盟要求内外包装的塑料薄膜和用柔软塑料制成的袋子，平均厚度应不小于0.038毫米。玩具产品包装袋过薄的风险不容忽视。

2. 绿色包装设计的生理安全内涵

绿色包装设计的生理安全内涵包括：

造型设计与生理安全：形式简洁、流畅，有时代感，符合宜人要求，人机关系友好。

结构设计与生理安全：结构合理，没有直接或潜在威胁到用户生理生命安全的结构设计，如打开或关闭时不费力不伤人，不威胁人体安全等。

材料设计与生理安全：禁用放射性或有毒化学包装材料。

因此，在设计中必须坚决遵循绿色包装设计的三大原则：

（1）3R1D 原则

3R1D 是国际上公认的绿色包装设计原则和方法，也是绿色包装设计的重要内涵。即：

Reduce 原则，即减量化（或轻工化）原则。要求包装制品在保证包装、防护和使用功能的前提下，力求消耗材料量最少，以节约资源，降低能耗，降低成本，减少排放物和废弃量。履行这条原则，包括优化结构，适量包装，以轻质包装代替重质包装，可再生资源材料代替不可再生资源材料，资源丰富材料代替资源匮乏材料。

Reuse 原则，即重复使用原则。多次重复使用的包装制品，既节约材料，降低能耗，又有利于环境保护。包装设计应优先考虑重复使用的可能性，在技术、材料及回收管理可行的情况下，实施重复使用的设计方案。

Recycle 原则，即循环再生原则。对于不能重复使用的包装制品，需要考虑循环再生处理的可能性，利用再生技术形成再生材料或再生包装。如再生纸、再生纸板、再生塑料等，玻璃、陶瓷，金属包装制品废弃后，可经再熔再造，制成新的同样的材料或包装制品。有些材料和包装制品，可通过处理获得新的可利用的物质，产生新的价值。如废弃塑料的油化、汽化，可获得使用价值颇高的油气或燃气。

Degradation 原则，即可降解原则。所使用的包装制品及材料，废弃后既不能回收重复使用，也不能回收循环再生处理的，或是回收价值不大的，应当在自然环境中降解销蚀，不对自然生态环境构成污染。

（2）绿色系统原则

绿色包装设计针对包装制品全过程。从材料的加工、选用，包装制品的生产、成型，包装制品流通、使用，到包装废弃物的回收、处理，每个环节都符合绿色要求，无污染后果。

（3）经济性原则

绿色包装设计应节省材料，减少消耗，降低成本，提高效益和增加竞争力。

3. 案例解析：关于易拉罐的故事

三个安全问题：(1) 存入——食品保鲜安全，(2) 携带——用户便携安全，(3) 取出——用户安全方便。

华纳于1858年取得专利权的开罐器，解决早期在打开罐头时因用尖锐物敲击罐顶打洞，而使得罐内液体四溅的缺点。华纳发明的开罐器不用敲击法打穿罐顶，而是压住d点，同时c点的安全装置能预防洞打得太深。一旦在罐头顶部打了洞，安全装置就会旋转开，好让刀叶沿着罐顶周围打开(见图8.7)。

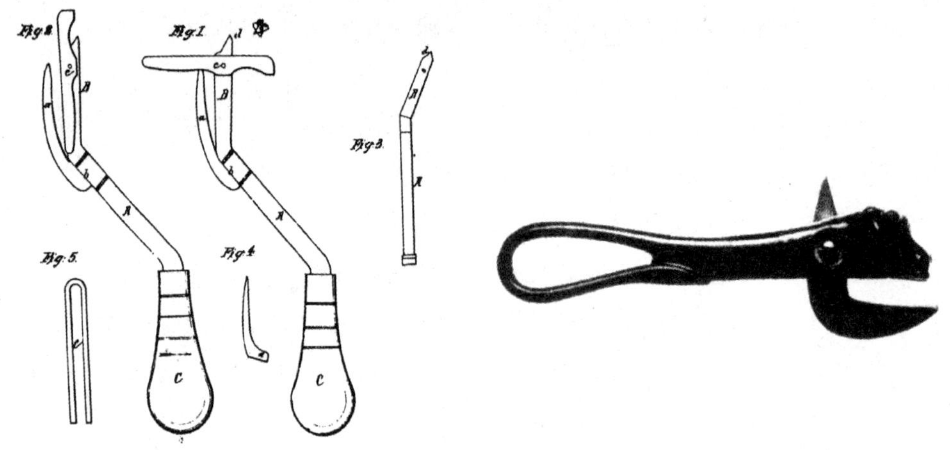

图8.7　开罐器设计示意图

四、绿色设计的心理和谐安全内涵——以色彩调和设计为例

和谐是一切事物健康运行、安全存在的前提，是审美的核心要素；心理和谐同样也是心理健康安全的关键保证与体现。绿色设计，不仅仅局限于生态环境和生理健康客体的绿色和谐，在微观层面上，对用户主观内心的心理和谐安全也具有重要意义，其在色彩设计上通过对色彩调和搭配、色彩心理感知规律等设计原理与方法的准确掌握，可直观有效地体现色彩的绿色设计安全理念与内涵。

1. 基于色彩调和原理的色彩绿色理念设计

多种色彩合理搭配设计，产生统一和谐的效果，这种色彩和谐的搭配可以让人心理舒适和谐，消除心理上失衡甚至暴力烦躁的不安全感受，给人带来和谐、平静、温馨、安全的心理感受和情感体验，具有绿色设计友好安全的内涵与意蕴，因此把此类色彩搭配设计称为色彩调和设计。

通常情况下，色彩调和有三个基本设计方法，即：同色调和、类似色调和、对比色调调和。具体如下：

(1) 同色调和色彩设计

主要包括同一色相配色。所谓同一色相配色，即指相同的颜色在一起的搭配，比如蓝色的上衣配上蓝色的裤子或者裙子。为了打破单调沉闷，可加黑、白、灰，变化丰富其明度或纯度层次，打破死板僵化、无趣乏味之感。

(2) 类似调和色彩设计

类似调和色彩设计包括同一调和和近似调和等色彩设计。

同一调和指色彩的色相、明度、纯度等三要素中保持其中某一个要素不变，而对其他要素进行灵活变化。

近似调和指在三要素中不必有某一个要素保持绝对不变，而是三个要素都可以进行或大或小的变化，从而产生出更加丰富但又不失和谐的色彩调性。只要在色相、明度、纯度三种要素中，有某种要素近似，加剧其他要素的变化，就可被称为近似调和。

由于统一的要素由同一变化为近似，因此，近似调和比同一调和的色彩关系有更多的变化因素。如：近似色相调和(主要变化明度、纯度)，近似明度调和(主要变化明度、纯度)，近似纯度调和(主要变化明度、色相)，近似明度、色相调和(主要变化纯度)，近似色度、纯度调和(主要变化明度)，近似明度、纯度调和(主要变化色相)。

无论同色调和还是类似调和，都是追求同一(或近似)基础上的变化，因此一定要依据这个原则来处理好两者对立统一的要素组合关系。

但是，在日常生活中，有许多色彩搭配非常不和谐，甚至让人心理或精神感受非常粗俗甚至暴力，对人的心理审美与和谐情感带来巨大失衡甚至破坏。怎么办呢？就要进行绿色设计意义上的对比调和色彩设计。

(3) 对比调和色彩设计(调节粗暴对比对心理的伤害)

对比色和互补色的直接对比，虽然视觉冲击力强烈，令人兴奋，但却可以产生两种不和谐甚至粗暴的心理感受：

对比色相直接对比搭配的色相感，要比邻近色相对比鲜明、强烈、饱满、丰富，容易使人兴奋激动和造成视觉以及精神的疲劳。这类的色彩组织比较复杂，调和统一的工作也比较难做。它虽然不容易单调，但极易产生杂乱和过分刺激，造成倾向性不强，缺乏鲜明的个性。

互补色相直接对比搭配的色相感，要比对比色相更完整、更丰富、更强烈，更富有刺激性甚至是暴力感，毫无和谐美好的绿色设计之美感。

这两类色彩搭配效果不安定、不协调、过分刺激，有一种幼稚、原始的和粗俗的感觉，造成心理难受。要想把互补色相对比组织得倾向鲜明、统一与调和，就必须进行具有绿色设计理念的对比调和设计方法处理。色彩对比调和方法一般如下：

隔离法：用黑白灰进行隔离或中介处理，所谓无彩色与有彩色相互作用。

面积调整：通过对对比或互补色彩的面积进行比例分割或数理逻辑的大小处理，可以减少火爆粗俗感。

基调加点缀：万绿丛中一点红，或在相互对比的色彩中相互潜伏或互派大使色彩。

色异形同：在形态上进行统一要素的处理。

色环等边形调和。

荷兰画家彼埃·蒙德里安(Piet Cornelies Mondrian)可谓利用色彩进行对比调和的大师。其作品对现代的绘画、建筑、设计等影响很大。

色彩调和设计原理（尤其对比补色的调和）可以让人达到相对的心理和谐；此外，以色彩心理与情感知觉为基调的色彩设计也要注意色彩带给人的安全感受。

2. 色彩心理与情感知觉为基调的色彩绿色理念设计

在日常生活中，我们常常会感受到色彩对自己心理的影响，不同的色彩会对我们产生不同心理效应，并左右我们的情绪。因此，人们似乎觉得色彩也带有情感特征了，主要体现在以下三个方面：色彩感知（生理心理，初级，感觉知觉层面）；色彩联想（心理，中级，精神情感层面）；色彩爱恨（心灵魂，高级，宗教信仰层面）。

(1) 色彩感知

不同色彩，因其色相、明度、纯度的不同，能给人带来如下不同的基本感知（生理心理，初级，感觉知觉层面）：

冷暖感：色相之间，最冷蓝、紫，最暖橙；色相色系自身也有冷暖之美妙感，如曙红偏冷表现晨霭，橘红偏暖可表现晚霞；中性色彩：绿、紫、黄。

重量感：与明度有关，高明度轻，低明度重。

软硬感：与明度有关，深色硬感，浅色软感。

进退感：前进：暖色、纯色、低明度色；后退：冷色、浊色、高明度色。

大小感：温暖、高明，有扩大膨胀感，反之则小。

华丽与朴实：三要素都有影响。其中纯度影响最大。高明度高纯度、强对比种类多：华丽辉煌。低明度低纯度、色调单纯、弱对比种类少：质朴典雅。带上光泽辉度之金银，更加华丽。

(2) 色彩联想(心理，中级，精神情感层面)

色彩联想(到事物)：对于色彩，儿童多有具象联想，白色——雪，红色——花；成人多有抽象联想，白色——圣洁或死亡，红色——暴力或革命。

(由事物)联想色彩：对于不同事物，无论物质或非物质，都会让人直接或间接联想到某个或某类色彩。如三角形让人联想到明亮的黄色，圆形让人联想到沉稳安静的蓝色，平稳的正方形让人联想到绿色……《春江花月夜》等中国民乐让人心情舒缓，甚至感觉月光如水；黑人蓝调音乐让人联想到蓝紫甚至黑暗等抑郁色彩；而大调音乐让人有明亮阳光之感，甚至感觉热血沸腾(进行曲等)……

色彩调节因人而异(见表 8.1)：针对个人色彩设计应用，建议采用“致中和”的绿色设计理念，对性格内向者可尝试使用对比调和的色彩搭配产品，对性格外向者可尝试采用同一调和的色彩搭配用品，如此可达到一定的情绪调节和心理平衡或安全稳定之效。

表 8.1　人们对色彩爱好和使用的差异

类　型	喜　爱　色
青年妇女、儿童	单纯、鲜艳的色彩(服装、玩具)
男性、老年人	蓝、灰、褐、黑等色
性格消沉者	青、灰、黑色
性格活泼者	红、橙、黄、绿、紫等色

(3) 色彩爱恨(心灵魂，高级，宗教信仰层面)

不同人群、地域、民族、宗教、国家对色彩有不同甚至相反的喜好与禁忌。为不同的民族地区或国家设计或展示不同的商品，要有色彩的绿色安全设计观，必须尊重不同文明，对他们对色彩的喜好与禁忌给予充分了解与尊重，以免引起纠纷、损失。

好的色彩设计，应是无论男女老少或是不同族群人种，都能在心理上有和谐美好之美感，让设计用户达到安全可靠的色彩体验与成功诉求。

五、绿色设计的民族文化安全内涵——以中国城市文化安全设计为例

1. 民族文化自信

民族，指在文化、语言、历史或宗教与其他人群在客观上有所区分的一群人。文化自信就是对本民族的自信、对自己国家的自信自强。实现中华民族传统文化的安全性传承、创造性转化、创新性发展是我们实现伟大民族复兴、雄起，自立于世界民族之林的最大资本。

习近平总书记在哲学社会科学工作座谈会上的讲话中指出："我们说要坚定中国特色社会主义道路自信、理论自信、制度自信，说到底是要坚定文化自信。文化自信是更基本、更深沉、更持久的力量。"习近平总书记在庆祝中国共产党成立95周年大会上的讲话中指出："坚持不忘初心、继续前进，就要坚持中国特色社会主义道路自信、理论自信、制度自信、文化自信""文化自信，是更基础、更广泛、更深厚的自信"。十八届六中全会公报指出："坚定对中国特色社会主义的道路自信、理论自信、制度自信、文化自信。"

保护民族文化安全，树立民族自信自强，走向中华民族伟大复兴。

2. 民族文化安全

所谓国家与民族的文化安全是指一国的观念形态的文化(如民族精神、政治价值理念、信仰追求等)生存和发展不受威胁的客观状态。它是国家安全的重要组成部分。国家或民族文化安全的状态是随着条件的变化而不断辩证运动的。当威胁文化的不良因素增多，威胁到国家观念性的文化存在，影响到文化健康发展趋势时，文化就会处于危险的状态。反之亦然。因此要用动态、战略的眼光看待国家与民族文化安全，既要立足于当前危险，维护文化的生存安全，又要着眼于威胁文化健康发展的隐性因素，确保文化的长治久安。

3. 文化安全危机

正所谓内忧外患，目前中华民族文化安全危机主要表现为：外来文化侵略，自毁文化长城两个方面。

没有文化的人类历史是无法想象的，任何民族都离不开文化，任何个体都无法脱离文化，个体总是需要认同某种文化，没有文化的个体人生是不可能的。大到国家、民族，小至每一个历史时空中的个体，人的存在本身就是文化的存在，文化环抱

着人迈向自己的未来，个体通过自己的作用承担起所属文化圈的职责，并将自己所属文化发扬光大。任何文化选择并非轻松随意的，文化链条的断裂总是会带来形形色色的文化失语。

长期以来，我国文化安全或中华民族文化安全形势严峻，例如：

韩国学者以韩国庆州的佛国释迦塔发现的雕版印刷本《无垢净光大陀罗尼经》(1966年10月)为据，提出雕版印刷和金属(铁)活字印刷是韩国人的“发明”。近年来，韩国申遗“端午祭”以后，一些学者提出若干违反历史的论题：中医乃是韩国人发明，称为“韩医”，老子和孔子都是韩国人，甲骨文乃韩国人发明的，王羲之的《兰亭序》是用韩国高丽纸写的，还要改书法、书道为韩国的书艺，等等，不一而足。

这种疯狂掠夺中华原创文化为己有的民族主义是对中国文化合法性的直接挑战，也让中国文化走向海外面临了更多的危机和障碍。

文化如水，以柔弱胜刚强。文化以情感人、潜移默化，然则假以时日，聚沙成塔，聚土成山，文化却能骤然迸发出倒海翻江之力。在文化安全问题上的斗争具有突出的隐蔽性、复杂性和长期性，又具有强烈的突发性和颠覆性。“君子以思患而豫防之”，维护国家和民族文化安全，也要有强烈的忧患意识，见微知著、防微杜渐，不断提高马克思主义的思想文化辨别力。文化安全要主动抓、长期抓，任何时候都糊涂不得、轻视不得、懈怠不得。

4. 民族文化侵略

文化侵略是一个国家对另一个国家有步骤有计划地改变被占领国民的风俗习惯及文化传承。要征服一个民族，就要征服她的文化，要征服她的文化，就要征服她的人，而要征服她的人，最有效的就是征服她的儿童，从小改变儿童的价值观，淡化他们的民族认同感，从而使他们对于外族的文化产生一种依赖感，最终让他们抛弃自己的民族。战争时期，一个国家强行改变另一个国家的教育方式，强制新一代学习入侵国语言文字，是文化侵略；和平时期，发达国家垄断发展中国家文化市场，并改变其国民的风俗习惯，阻碍其文化传承，这也是文化侵略。文化侵略的目的无非有两种：一种是经济利益，从销售文化产品中获取丰厚的利润；另一种是政治利益，推广自己民族的文化和国家的意识形态，支撑本国在国际上的“话语权”。

因此，说到底，国家文化安全其实质与核心就是民族文化安全。

对一个民族或国家而言，经济是筋，军事是骨，文化是血脉和灵魂。在经济发展过程中，一个国家或民族绝不能断了文脉，失去灵魂。

5. 中国城市文化安全设计

20世纪80年代至今,都市化浪潮席卷全球,城市数量飞速发展,带动了我国经济社会转型发展和国家复兴。我国城市总数已经由1978年的193个(其中地级城市98个)上升到2014年的661个。可是城市化过程中存在的病态设计案例不断涌现,甚至威胁到我国文化安全。主要表现形式有:

有粗制滥造造成生命伤害的,如座座摩天大楼玻璃幕墙如利剑高悬,不少城市出现楼"歪歪、脆脆、倒倒"的;有规划设计急功近利,割裂历史,强奸民意的,如北京梁思成故居被拆;有造成日常生活困顿的,如城市综合体标示系统紊乱、城市高碳高熵运行,首都变"首堵";有城市软硬环境设计脱节,成为文化沙漠城、水城、睡城与鬼城的;城市政策设计与执行不力,造成欺客宰客排外事件不断等。

一个国家或民族的文化安全,一方面要警惕被恶性侵略,另一方面也要坚决反对故步自封,僵化保守。我们优秀的民族传统文化应该在历史传承保护和时代发展中寻求健康可持续的绿色设计发展之路,请参考成功案例:杭州"最美农村回迁房"走红,宛若吴冠中笔下的旧时江南,白屋连绵成片,黛瓦参差错落。

图8.8 杭州最美农村回迁房

"其实最大的亮点是抛开了一味地仿古,而是用现代的抽象线条来展现传统民居的神韵。"这是首个杭派民居示范项目,也是项目设计总监孟凡浩及其团队第一个真正意义上为农民设计的房屋，借鉴了吴冠中笔下的江南民居，温婉内敛、简约大气，远看分明已融入乡间，近看却丝毫没有拘泥于传统建筑形式。为了避免“中看不中用”，在考虑实用性上，孟凡浩对村民进行了细致的问卷调研，才最终确定了户型设计：每户都有 3 个小院，前院放置单车、农具等，侧院放置柴火、杂物，南院用作休闲绿化。房屋基本为三层结构，有 4 个以上的卧室，还有客厅、储藏室等，并遵循堂屋坐北朝南，院落由南边进入的习俗。

雷村屯是城中区环江村村委所在地，共有 140 户。柳州市城中区住建局相关负责人介绍，该村背靠群山，面临柳江，地理环境优越。同时，村庄布局也颇有特色，有村口池塘、村中广场、江边渡口码头等，还拥有一片独具特色的百年龙眼林。为了加快雷村屯产业发展，提高居民收入，城中区决定对该屯进行风貌改造。改造从 2016 年年底开始，统一设计、分步进行。原来的平屋顶改造成斜面，盖上灰瓦。墙以白色为主，用浮雕装饰。外立面的窗框、空调机位也将统一改造，样式颜色都要与整体风貌相协调。除了房屋，池塘、广场等也将同步改造提升。在村口，还将设置一个写有“雷村”的牌坊。

设置骑行驿站：环江滨水大道通车一年多，如今已经成为柳州骑行爱好者首选的骑行道路之一。红色的自行车道镶嵌在绿水青山间，将江边美景点缀。骑行道旁还建设了众多骑行雕塑，并设置了骑行文化墙，备受骑行爱好者喜爱。

发展体验农业：在发展骑行旅游产业的同时，按照规划，雷村屯将结合自身农田、房屋等，发展乡村体验农业，形成民宿体验产业。目前，雷村屯共有农田 3.6 万平方米，主要为各家各户自留田，以分块的方式种植时令蔬菜。

根据改造规划，当地将重新梳理农田的结构，种植一些既有景观品质，又有经济价值的农产品，如龙眼、李子、草莓等，可供游客采摘体验；还将种植一些成片观赏鲜花，利用农田高低，形成层层叠叠的花田景观。为了方便产业发展，在沿农田的道路上，还将设置观景平台，方便村民上下农田，也可以让游客直接在道路边观赏。通过规划设计的建设落实，日后还将吸引外部资金注入，进一步增强现代农业及民宿经济的带动作用，实现从单一产业或住宿空间功能，向综合产业、居住旅游、住宿餐饮、休闲娱乐等复合空间功能转变。

我们守护着博大精深的中华文明与灿烂民族文化，这是我们文化自信的源泉；要认真传承保护好我们民族文化，科学创新发展好我们中华文化，维护好我们民族的和平与安宁。

基于地理生态安全内涵的绿色设计让人与自然之间更加和谐友好，基于生理健康安全内涵的绿色设计让人与产品之间更加和谐友好,基于心理和谐安全内涵的绿色设计让人与自己身心更加和谐友好,基于民族文化安全内涵的绿色设计让人与民族传统更加和谐友好。

我们华夏民族优秀子孙在实现中国梦的伟大实践中,应深刻理解和踏实践行"创新、协调、绿色、开放、共享"五大发展理念,把握绿色设计的多重安全内涵与实质,全心全意为人民的幸福安康服务,为用户营造愉悦和谐的身心体验,为构建美好安全的人类命运共同体而奋斗。

参考文献:

[1] 中国共产党十八届五中全会:《中共中央关于制定国民经济和社会发展第十三个五年规划的建议》。

[2] (美) 杰里米·里夫金、特德·霍华德:《熵:一种全新的世界观》,上海:上海译文出版社,1987 年。

[3] 于炜:《设计前瞻》,上海:华东理工大学出版社,2009 年。

[4] 王晓红、于炜、张立群主编:《中国工业设计蓝皮书 2014》,北京:中国社科文献出版社,2014 年。

[5] 王晓红、于炜、张立群主编:《中国创新设计蓝皮书 2016》,北京:中国社科文献出版社,2016 年。

[6] 于炜主编:《服装设计色彩应用》,上海:上海交通大学出版社,2003 年。

[7] 吴翔编著:《产品系统设计》,北京:轻工业出版社,2000 年。

后　记

书稿完成修改之际，课程也已经开设了一轮。作为思想政治理论教学的选修课，学生的选课踊跃程度令人感动。显然，将思想政治教学与专业课结合的形式已经被学生所接受；课程内容中所体现的科学性、人文性等诸多特点也成了课程的亮点。究其原因，绿色发展理念中所蕴含的可持续发展环境价值观已经被包括大学生在内的越来越多的人所接受。因此，结合课程所展开的拓展活动也进行得有声有色，如主题为“环境哲学”的读书会，围绕绿色发展理念所建立的社会实践基地等，将为“绿色中国”课程的开展打下更好的基础。

在这个过程中，特别感谢学校各个学院党委书记和专家的大力支持，也特别感谢青年教师的倾力参与。因为课程的特殊性，要求各个学院的专业教师参与上课。因此，除了马克思主义学院的精心组织以外，化学、化工、药学院、材料、资环、生工、法学院和艺术学院都给予了大力的支持；在拍摄视频的过程中，体育学院也给予了很大的支持，所提供的拍摄场地，为尽快完成视频拍摄任务提供了很大帮助。在此一并表示感谢！

从具体内容看，本书的总体策划由华东理工大学马克思主义学院负责，各章节完成情况如下：

第一章“绿色化学”由化学与分子工程学院的沙风老师撰写；第二章“绿色化工”由化工学院的张海涛老师撰写；第三章“绿色农药”由药学院邵旭升老师撰写；第四章“绿色材料与可持续发展”由材料学院的肖艳老师撰写；第五章“绿色能源与环境”由资环学院陈雪莉老师撰写；第六章“绿色食品与健康中国”由生工学院秦臻老师撰写；第七章“绿色法律”由法学院吴亮老师撰写；第八章“绿色设计”由艺术设计与传媒学院于炜老师撰写。

由于作者水平有限，书中的不足在所难免，欢迎广大读者指正！

杜仕菊

2018 年 1 月

华东理工大学徐汇校区

图书在版编目（CIP）数据

绿色中国 / 胡宝国主编. — 上海:上海教育出版社, 2020.6
（中国系列丛书）
ISBN 978-7-5444-9922-4

Ⅰ. ①绿… Ⅱ. ①胡… Ⅲ. ①高等学校 – 思想政治教育 – 研究 – 中国 Ⅳ. ①G641

中国版本图书馆CIP数据核字(2020)第108722号

责任编辑　戴燕玲
封面设计　郑　艺

中国系列丛书
绿色中国
胡宝国　主编

出版发行　上海教育出版社有限公司
官　　网　www.seph.com.cn
地　　址　上海市永福路123号
邮　　编　200031
印　　刷　昆山市亭林印刷有限责任公司
开　　本　700×1000　1/16　印张 10.5　插页 2
字　　数　183 千字
版　　次　2020年6月第1版
印　　次　2020年6月第1次印刷
书　　号　ISBN 978-7-5444-9922-4/D·0126
定　　价　58.90 元

如发现质量问题，读者可向本社调换　电话：021-64377165